LESSING

# MINNA DE BARNHELM

OU

## LE SOLDAT HEUREUX

COMÉDIE EN CINQ ACTES

TRADUCTION NOUVELLE

PAR E. B. LANG

Agrégé de l'Université, professeur au lycée Janson de Sailly
et à l'École spéciale militaire de Saint-Cyr

PARIS

LIBRAIRIE HACHETTE ET Cie

79, BOULEVARD SAINT-GERMAIN, 79

1885

# MINNA DE BARNHELM

COULOMMIERS. — IMP. P. BRODARD ET GALLOIS.

LESSING

# MINNA DE BARNHELM

OU

# LE SOLDAT HEUREUX

COMÉDIE EN CINQ ACTES

TRADUCTION NOUVELLE

PAR E. B. LANG

Agrégé de l'Université, professeur au lycée Janson de Sailly
et à l'École spéciale militaire de Saint-Cyr

PARIS

LIBRAIRIE HACHETTE ET Cie

79, BOULEVARD SAINT-GERMAIN, 79

1885

# PERSONNAGES

LE MAJOR DE TELLHEIM, officier licencié.

MINNA DE BARNHELM.

LE COMTE DE BRUCHSALL, oncle de Minna.

FRANÇOISE, femme de chambre de Minna.

JUST, domestique du major.

PAUL WERNER, ex-maréchal des logis du major.

L'HÔTELIER.

UNE DAME EN DEUIL.

UN COURRIER.

RICCAUT DE LA MARLINIÈRE.

La scène se passe successivement dans la salle d'une auberge et dans une pièce contiguë.

# MINNA DE BARNHELM

OU

# LE SOLDAT HEUREUX

---

## ACTE PREMIER

---

### SCÈNE I

JUST, *dans un coin, dort et parle en rêve.*

Coquin d'hôtelier! Toi, nous.....? Hardi, frère! — Tape dessus, frère! (*Il lève le bras pour frapper et ce mouvement l'éveille.*) Quoi, encore? Je ne ferme pas l'œil, sans me disputer avec lui. S'il avait seulement reçu la moitié de tous ces coups! — Tiens, il fait jour! Allons à la recherche de mon pauvre maître. Si cela dépendait de moi, il ne remettrait pas les pieds dans cette maudite maison. Où aura-t-il passé la nuit?

## SCÈNE II

L'HÔTELIER, JUST.

L'HÔTELIER.

Bonjour, monsieur Just, bonjour! Hé, déjà debout, si tôt? Ou dois-je dire : encore debout, si tard?

JUST.

Dites ce que vous voudrez.

L'HÔTELIER.

Je dis simplement bonjour, ce qui vaut bien que monsieur Just réponde « grand merci ».

JUST.

Grand merci!

L'HÔTELIER.

On est de mauvaise humeur, quand on ne peut pas dormir son content. Gageons que monsieur le major n'est pas rentré, et que vous l'avez guetté?

JUST.

L'habile homme! il devine tout!

L'HÔTELIER.

Je suppose, je suppose.

JUST *se retourne pour sortir.*

Votre serviteur!

L'HÔTELIER *le retient.*

Que non, monsieur Just!

JUST.

Soit, pas votre serviteur.

L'HÔTELIER.

Ah! monsieur Just! J'espère bien, monsieur

Just, que vous n'êtes plus fâché d'hier? Qui garderait sa colère après une nuit passée dessus.?

JUST.

Moi, et après toutes les nuits suivantes.

L'HÔTELIER.

Est-ce charitable?

JUST.

Tout aussi charitable que de chasser de la maison, de jeter dans la rue un honnête homme qui ne peut pas payer tout de suite.

L'HÔTELIER.

Fi! qui serait si cruel?

JUST.

Un charitable hôtelier. — Mon maître! un tel homme! un tel officier!

L'HÔTELIER.

Lui, je l'ai chassé de la maison? jeté dans la rue? Non, j'ai bien trop de respect pour un officier, et bien trop de compassion pour un officier licencié! J'ai été contraint de lui donner une autre chambre. — N'y pensez plus, monsieur Just. (*Il parle à la cantonade.*) Holà! — Je vais réparer le mal d'une autre manière. (*Un garçon entre.*) Apporte un petit verre; monsieur Just désire un petit verre; et du bon!

JUST.

Ne vous donnez pas cette peine, monsieur l'hôtelier. Que je sois empoisonné par la goutte que — mais ne jurons pas; je suis encore à jeun.

L'HÔTELIER, *au garçon qui apporte une bouteille de liqueur et un verre.*

Donne, va-t-en! — Ah! monsieur Just, quelque chose d'excellent; c'est fort, agréable et sain. (*Il remplit le verre et le lui tend.*) Cela vous remet l'estomac fatigué par un excès de veille!

JUST.

Pour un peu cela ne m'eût pas été permis! — Mais pourquoi ma santé porterait-elle la peine de sa grossièreté? (*Il prend le verre et boit.*)

L'HÔTELIER.

Grand bien vous fasse, monsieur Just!

JUST, *rendant le petit verre.*

Pas mauvais! Mais, monsieur l'hôtelier, vous n'en êtes pas moins un butor!

L'HÔTELIER.

Mais non, mais non! — Vite, encore un coup; cela ne vaut rien de rester sur une jambe.

JUST, *après avoir bu.*

Je dois l'avouer : c'est bon, très bon. — De votre fabrication, monsieur l'hôtelier?

L'HÔTELIER.

Jamais! c'est de la véritable eau-de-vie de Dantzig, du vrai double lachs.

JUST.

Voyez-vous, monsieur l'hôtelier, si je pouvais feindre, je le ferais pour une pareille marchandise, mais cela m'est impossible; il faut que je lâche le mot — vous êtes pourtant un butor, monsieur l'hôtelier!

L'HÔTELIER.

De ma vie personne ne m'a dit cela. — Encore un verre, monsieur Just; les bonnes choses vont toujours par trois!

JUST.

Je veux bien. (*Il boit.*) C'est une bonne chose, vraiment une bonne chose. — Mais la vérité aussi est une bonne chose. — Monsieur l'hôtelier, vous êtes tout de même un butor!

L'HÔTELIER.

Si je l'étais, vous laisserais-je dire comme je le fais?

JUST.

Oh que si! un butor a rarement du fiel.

L'HÔTELIER.

Encore un verre, monsieur Just? Une ficelle à quatre brins n'en tient que mieux.

JUST.

Non, trop c'est trop! Et puis, à quoi ça vous sert-il, monsieur l'hôtelier? Jusqu'à la dernière goutte du flacon, je maintiendrais mon dire. Fi, monsieur l'hôtelier, avoir de si bon Dantzig et de si mauvais procédés! — Un homme, comme mon maître, qui a demeuré si longtemps chez vous, de qui vous avez tiré maint bel écu, qui de sa vie n'a fait tort à personne d'un liard, un tel homme, parce qu'il est quelques mois à ne pas payer rubis sur l'ongle, parce qu'il ne fait plus tant de dépenses, vous le déménagez en son absence!

L'HÔTELIER.

N'avais-je pas un besoin absolu de son appartement? Ne savais-je pas d'avance qu'il l'aurait quitté de son plein gré, si nous avions eu le temps d'attendre sa rentrée? Devais-je laisser cette étrangère et sa voiture s'éloigner de ma porte? Devais-je de gaîté de cœur jeter ce gain, cette proie dans la gueule d'un autre hôtelier? Je ne crois même pas qu'elle aurait trouvé à se loger ailleurs. Les hôtels sont maintenant tous au grand complet. Une dame si jeune, si belle, si aimable devait-elle rester dans la rue? Votre maître est bien trop galant pour cela! Qu'est-ce qu'il y perd, d'ailleurs? Ne lui ai-je pas donné un autre appartement en échange?

JUST.

Sur la cour, près du pigeonnier, avec vue sur les cheminées du voisin.

L'HÔTELIER.

La vue était très belle avant que ce maudit voisin ne l'eût masquée avec sa bâtisse. La pièce, du reste, est gentille et tapissée.

JUST.

Elle l'a été.

L'HÔTELIER.

Pardon, un des murs l'est encore. Et votre cabinet à côté, monsieur Just, que manque-t-il à ce cabinet? Il y a une cheminée; sans doute elle fume un peu en hiver —

JUST.

Mais en été fait très bien. — Je crois fort que monsieur nous raille encore par-dessus le marché?

L'HÔTELIER.

Allons, allons, monsieur Just, monsieur Just.

JUST.

Ne lui échauffez pas les oreilles, à monsieur Just, ou bien.....

L'HÔTELIER.

Moi, vous les échauffer? C'est le Dantzig qui produit cet effet!

JUST.

Un officier comme mon maître! Croiriez-vous qu'un officier licencié ne soit pas un officier capable de vous rompre les os? Pourquoi donc étiez-vous si souples pendant la guerre, messieurs les hôteliers? Pourquoi à cette époque chaque officier était-il un digne homme, chaque soldat un honnête et brave garçon? Ces quelques jours de paix vous rendent-ils déjà si outrecuidants?

L'HÔTELIER.

Pourquoi cet emportement, monsieur Just?

JUST.

Je veux m'emporter, moi.

## SCÈNE III

DE TELLHEIM, L'HÔTELIER, JUST.

DE TELLHEIM, *en entrant.*

Just!

JUST, *croyant que c'est l'aubergiste qui l'appelle.*

Just? — Sommes-nous si intimes?

DE TELLHEIM.

Just!

JUST.

Il me semble que je devrais être monsieur Just pour vous!

L'HÔTELIER, *apercevant le major.*

St, st! monsieur, monsieur, monsieur Just, — retournez-vous donc; votre maître...

DE TELLHEIM.

Just, je crois que tu te disputes? Que t'ai-je recommandé?

L'HÔTELIER.

Oh, Votre Grâce, se disputer? Dieu m'en garde! Votre très humble valet se permettrait de se disputer avec un homme qui a l'honneur de vous appartenir?

JUST.

Que ne puis-je asséner un coup sur cette échine à courbettes!

L'HÔTELIER.

C'est vrai, monsieur Just parle pour son maître, et avec un peu de chaleur. Mais en cela il fait bien; je ne l'en estime que davantage; je l'aime pour cela.

JUST.

Ne lui enfoncerai-je pas les dents à coups de pied!

L'HÔTELIER.

C'est dommage qu'il s'échauffe pour rien; car j'ai la ferme conviction que Votre Grâce ne m'a pas mis en disgrâce parce que le besoin — la nécessité —

DE TELLHEIM.

En voilà déjà trop, monsieur! Je vous dois de l'argent; vous me déménagez en mon absence; il faut qu'on vous paye; il faut que je cherche à me caser ailleurs. C'est tout naturel!

L'HÔTELIER.

Où, ailleurs? vous voulez partir, monsieur? Malheureux que je suis! Infortuné! Non, jamais!

Mieux vaut que la dame vide la place. Monsieur le major ne peut ni ne veut lui céder son appartement; l'appartement est à lui; elle partira; je n'y puis rien. — Je vais, monsieur —

DE TELLHEIM.

L'ami, ne faites point deux pas de clerc pour un! La dame restera en possession de l'appartement.

L'HÔTELIER.

Et Votre Grâce pourrait croire que par méfiance, par crainte de ne pas être payé. — Comme si je ne savais pas que Votre Grâce est en mesure de me payer quand bon lui semble. — Le petit sac aux cachets de cire — avec cette inscription, cinq cents louis d'or, — qui se trouvait dans le secrétaire de Votre Grâce, il est en lieu sûr.

DE TELLHEIM.

Je l'espère, tout comme le reste de mes affaires. — Just les prendra, quand il vous aura soldé la note.

L'HÔTELIER.

En vérité, je fus saisi à la vue du petit sac. — J'ai toujours pris Votre Grâce pour un homme rangé et prévoyant qui n'épuise jamais sa bourse. — Et cependant — si j'avais supposé de l'argent comptant dans le secrétaire —

DE TELLHEIM.

Vous m'auriez traité plus poliment. Je vous comprends. — Allez maintenant, monsieur; laissez-moi; j'ai à causer avec mon domestique.

L'HÔTELIER.

Mais, monsieur —

DE TELLHEIM.

Viens, Just, ce monsieur ne veut pas me permettre de te donner mes ordres chez lui.

L'HÔTELIER.

Je m'en vais, monsieur! — Ma maison tout entière est à votre disposition. (*Il sort.*)

## SCÈNE IV

DE TELLHEIM, JUST.

JUST *trépigne et crache du côté de l'aubergiste.*

Fi !

DE TELLHEIM.

Qu'y a-t-il?

JUST.

J'étouffe de rage.

DE TELLHEIM.

D'un coup de sang serait tout comme.

JUST.

Et vous, — je ne vous reconnais plus, monsieur. Que je meure à vos yeux, si vous n'êtes pas l'ange gardien de ce traître, de ce gueux sans entrailles! Bravant le gibet, la hache, la roue, je l'aurais — je l'aurais volontiers étranglé de mes mains, déchiré à belles dents —

DE TELLHEIM.

Brute!

JUST.

Mieux vaut être une brute qu'un pareil homme!

DE TELLHEIM.

Mais que veux-tu?

JUST.

Je veux que vous ressentiez l'énormité de l'offense. —

DE TELLHEIM.

Et puis? —

JUST.

Que vous vous vengiez, — non, le drôle est trop infime pour vous.

DE TELLHEIM.

Mais que je te charge de me venger? Ce fut là ma première idée. Je n'aurais plus reparu à ses yeux, je l'aurais payé par tes mains. Je sais que tu t'y entends à jeter une poignée de monnaie au nez des gens d'un air passablement méprisant.

JUST.

Ah? excellente vengeance!

DE TELLHEIM.

Mais ce sera encore partie remise. Je n'ai pas un liard d'argent comptant! et ne sais où en dénicher.

JUST.

Pas d'argent comptant? Qu'est-ce que c'est donc que cette sacoche avec cinq cents louis d'or, que l'hôtelier a trouvée dans votre secrétaire?

DE TELLHEIM.

C'est de l'argent que j'ai reçu en dépôt.

JUST.

Seraient-ce les cent pistoles que votre ancien vaguemestre [1] vous apporta il y a quatre ou cinq semaines?

1. Le vrai sens est *maréchal des logis ; vaguemestre* a l'avantage d'être plus court et plus maniable.

DE TELLHEIM.

C'est cela même, celles de Paul Werner. Pourquoi pas ?

JUST.

Vous n'en avez pas encore fait usage ? Monsieur, vous en pouvez disposer à votre gré. Je m'en porte garant.

DE TELLHEIM.

Vraiment?

JUST.

J'ai raconté à Werner comme on se moque de vous au sujet de vos réclamations à la trésorerie militaire. Il a su —

DE TELLHEIM.

Que j'allais sûrement être réduit à la mendicité, si ce n'était pas déjà fait. — Je te suis bien obligé, Just. — Et cette nouvelle décida Werner à partager ses quatre sous avec moi. — Je suis bien aise de l'avoir deviné. Écoute, Just, fais-moi ton compte aussi; il faut nous quitter. —

JUST.

Comment? quoi ? —

DE TELLHEIM.

Plus un mot; voici quelqu'un.

## SCÈNE V

UNE DAME EN DEUIL, DE TELLHEIM, JUST.

LA DAME.

Excusez-moi, monsieur !

DE TELLHEIM.

Qui cherchez-vous, madame?

LA DAME.

L'homme honorable à qui j'ai l'honneur de parler. Vous ne me reconnaissez pas? Je suis la veuve de votre ancien capitaine en second.

DE TELLHEIM.

Grand Dieu! madame, comme vous êtes changée!

LA DAME.

Je relève de maladie. La douleur d'avoir perdu mon mari m'avait terrassée. Je dois vous paraître importune de bon matin, monsieur le major. Je vais à la campagne, où un bon cœur, une amie qui n'est pas précisément heureuse non plus, m'a offert un refuge pour le moment.

DE TELLHEIM, *à Just.*

Va, laisse-nous seuls.

## SCÈNE VI

### DE TELLHEIM, LA DAME.

DE TELLHEIM.

Parlez sans gêne, madame! Devant moi, vous n'avez point à rougir de votre malheur. En quoi puis-je vous servir?

LA DAME.

Monsieur le major!

DE TELLHEIM.

Je vous plains, madame! En quoi puis-je vous servir? Vous le savez, votre époux était mon ami;

mon ami, dis-je; j'ai toujours été avare de ce titre.

LA DAME.

Qui sait mieux que moi combien vous étiez digne de son amitié, et lui de la vôtre? Vous auriez été sa dernière pensée, votre nom la dernière parole de ses lèvres agonisantes, si la nature plus forte n'avait pas revendiqué ce douloureux privilège pour un fils infortuné, pour une épouse malheureuse.

DE TELLHEIM.

Cessez, madame! Je pleurerais bien avec vous, mais aujourd'hui je n'ai point de larmes. Épargnez-moi! Vous me trouvez à un moment, où je me laisserais facilement aller à murmurer contre la Providence. O mon loyal Marloff! Vite, madame, que désirez-vous? Suis-je en état de vous servir? En quoi puis-je le faire?

LA DAME.

Je ne veux point partir, sans exécuter sa dernière volonté. Il me rappela peu de temps avant sa fin qu'il mourait votre débiteur et me conjura d'éteindre cette dette avec le premier argent que j'aurais. J'ai vendu ses chevaux et je viens dégager sa signature.

DE TELLHEIM.

Comment, madame, voilà pourquoi vous venez?

LA DAME.

Oui. Permettez que je vous compte la somme.

DE TELLHEIM.

Non pas, madame! Marloff, mon débiteur? Ce n'est guère possible. Voyons. (*Il tire son portefeuille et cherche.*) Je ne trouve rien.

LA DAME.

Vous aurez égaré le billet, et le billet ne fait rien à l'affaire. Permettez. —

DE TELLHEIM.

Non, madame! Ces choses-là, je n'ai pas l'habitude de les égarer. Si je n'ai pas de billet, c'est une preuve que je n'en ai jamais eu, ou qu'il a été acquitté et que je l'ai rendu.

LA DAME.

Monsieur le major!

DE TELLHEIM.

Bien certainement, madame. Marloff ne me devait plus rien. Je ne sache même pas qu'il m'ait jamais dû quelque chose. Oui, madame; c'est moi plutôt qui suis resté son débiteur. Je n'ai jamais rien pu faire pour m'acquitter envers un homme qui, six années durant, partagea avec moi heur et malheur, gloire et danger. Je n'oublierai pas qu'il laisse un fils. Il sera mon fils, dès que je pourrai lui servir de père. Le désarroi dans lequel je me trouve moi-même en ce moment —

LA DAME.

O noble cœur! Mais ayez de moi aussi une idée plus haute. Prenez cet argent, monsieur le major, je serai au moins tranquillisée.

DE TELLHEIM.

Pour vous tranquilliser, vous faut-il plus encore que l'assurance de ma part que cet argent ne m'appartient pas? Ou bien voulez-vous que je dépouille l'orphelin en bas âge, l'enfant de mon ami? Le dépouiller, madame, voilà ce que ce serait à proprement parler. C'est son bien; c'est à son profit que vous l'emploierez.

LA DAME.

Je vous comprends; pardonnez-moi, si je ne sais pas bien encore comment on reçoit des bienfaits. Mais d'où savez-vous donc qu'une mère fait plus pour son fils qu'elle ne ferait pour sa propre vie à elle? Je pars.

DE TELLHEIM.

Partez, madame, partez! Bon voyage! Je ne vous prie pas de me donner de vos nouvelles. Elles pourraient m'arriver à un moment où il me serait impossible d'en profiter. Mais j'oubliais une chose, madame, et c'est le plus important. Il revient encore à Marloff quelque argent de la caisse de notre ancien régiment, ses droits sont aussi évidents que les miens. Si on me paye, il faudra qu'on lui paye également son dû. J'en réponds.

LA DAME.

O monsieur... mais j'aime mieux me taire.... ménager ainsi ses bienfaits dans l'avenir, c'est, aux yeux de Dieu, les avoir déjà faits. Recevez sa récompense et mes larmes! (*Elle sort.*)

## SCÈNE VII

### DE TELLHEIM.

Pauvre brave femme! Que je n'oublie pas de détruire ces chiffons. (*Il tire des papiers de son portefeuille et les déchire.*) Suis-je sûr que ma propre détresse ne m'induirait pas un jour à en faire usage?

## SCÈNE VIII

JUST, DE TELLHEIM.

DE TELLHEIM.

Te voilà?

JUST, *s'essuyant les yeux.*

Oui!

DE TELLHEIM.

Tu as pleuré?

JUST.

J'ai écrit mon compte à la cuisine et elle est pleine de fumée. Voici le compte, monsieur!

DE TELLHEIM.

Donne.

JUST.

Ayez pitié de moi, monsieur. Je sais bien que les hommes n'ont pas pitié de vous; mais —

DE TELLHEIM.

Que veux-tu?

JUST.

Je me serais attendu à la mort plutôt qu'à mon congé.

DE TELLHEIM.

Je ne puis plus te garder; il faut que j'apprenne à me passer de domestique. (*Il déplie le papier et lit.*) « Note de ce que me doit monsieur le major : trois mois et demi de salaire, à six thalers par mois, font vingt et un thalers. Depuis le premier de ce mois déboursé en menus frais un thaler, sept groschen, neuf pfennigs, total, vingt-deux thalers, sept groschen, neuf pfennigs. »

Bien, et il est juste que je paye tout le mois courant.

JUST.

Tournez, monsieur le major.

DE TELLHEIM.

Il y en a encore? (*Il lit.*) « La note de ce que je dois à monsieur le major : payé pour moi au chirurgien vingt-cinq thalers. En frais de garde et de soins pendant ma maladie, payé pour moi trente-neuf thalers. A mon père incendié et pillé, avancé à ma demande, sans compter les deux chevaux pris sur l'ennemi, dont le major lui fit cadeau, cinquante thalers. Total cent quatorze thalers. En défalquant les vingt-deux thalers, sept groschen, neuf pfennigs ci-dessus, je reste devoir à monsieur le major quatre-vingt onze thalers, seize groschen et trois pfennigs. »

Tu es fou, mon garçon!

JUST.

Je crois fort que je vous coûte bien plus cher. Mais ce serait perdre son encre que d'ajouter cela. Je ne puis pas vous payer; et si vous m'enlevez la livrée, que je n'ai pas encore gagnée non plus, — je préférerais que vous m'eussiez laissé crever à l'hôpital.

DE TELLHEIM.

Pour qui me prends-tu? Tu ne me dois rien et je te recommanderai à l'un de mes amis, chez qui tu auras un meilleur sort que chez moi.

JUST.

Je ne vous dois rien, et malgré cela vous voulez me chasser?

DE TELLHEIM.

Parce que je ne veux pas devenir ton débiteur.

JUST.

Pour ce motif? Rien que pour ce motif? Ce qui est sûr, c'est que je suis votre débiteur, que vous ne serez jamais le mien, et que vous ne me repousserez pas. Faites ce que vous voudrez, monsieur le major, je reste avec vous, il faut que je reste avec vous.

DE TELLHEIM.

Et ton obstination, ton entêtement, tes manières brutales, tes emportements envers tous ceux qui, selon toi, n'ont pas d'observations à te faire, ta perfide malignité, ta soif de vengeance?

JUST.

Peignez-moi sous les plus noires couleurs; je ne tiens pas à avoir une idée moins haute de moi que de mon chien. L'hiver dernier je suivais le canal, le soir, au crépuscule. J'entendis des gémissements. Je descendis sur la berge, j'étendis le bras du côté de la voix; croyant sauver un enfant, je tire de l'eau un barbet. Va pour un barbet, me dis-je. Le barbet me suit, mais je n'aime pas les barbets. Je le chasse, peine inutile; je le bats pour l'éloigner, vains efforts. Je le laisse à la porte, la nuit; il reste sur le seuil. Dès qu'il m'approche de trop près, je lui donne un coup de pied; il crie, me regarde et remue la queue. Il n'a pas encore reçu une bouchée de pain de ma main, et cependant je suis le seul qu'il écoute et qui puisse le toucher. Il me précède en bondissant, et me fait ses tours sans que je le lui commande. C'est un vilain barbet, mais un bien bon chien; s'il continue, mon aversion pour les barbets se passera.

DE TELLHEIM, *à part.*

Comme la mienne pour lui! Non, il n'y a pas de nature foncièrement mauvaise! — Just, nous restons ensemble.

JUST.

Bien sûr? — Vous vouliez vous passer de domestique? Vous oubliez vos blessures, votre bras impotent. Vous ne pouvez pas vous habiller seul. Je vous suis indispensable; je suis, sans me vanter, monsieur le major, un serviteur qui, — si cela allait de mal en pis, — serait capable de mendier et de voler pour son maître.

DE TELLHEIM.

Just, nous ne restons pas ensemble.

JUST.

Bon, bon!

## SCENE IX

### UN LAQUAIS, DE TELLHEIM, JUST.

LE LAQUAIS.

Bst! camarade!

JUST.

Qu'y a-t-il?

LE LAQUAIS.

Ne pouvez-vous pas me dire où je trouverai l'officier qui, hier encore, occupait cet appartement? (*Il montre du doigt le côté d'où il vient.*)

JUST.

Cela me serait aisé. Que lui apportez-vous?

LE LAQUAIS.

Ce que nous apportons, quand nous n'apportons rien, un compliment. Ma maîtresse apprend qu'elle est la cause de son départ. Ma maîtresse sait son monde, et je suis chargé de présenter ses excuses à cet officier.

JUST.

Eh bien, faites-lui vos excuses, le voici.

LE LAQUAIS.

Qui est-ce? Son nom?

DE TELLHEIM.

Mon ami, je viens d'entendre la commission dont vous êtes chargé! C'est une politesse superflue de votre maîtresse, je la reconnais, comme je dois. Présentez-lui mes respects. — Comment se nomme votre maîtresse?

LE LAQUAIS.

Comment elle se nomme? Elle se fait appeler mademoiselle! [1]

DE TELLHEIM.

Et son nom de famille?

LE LAQUAIS.

Je ne l'ai pas encore entendu, et m'en informer, ce n'est pas mon affaire. Je m'arrange de façon à avoir généralement toutes les six semaines d'autres maîtres. Que le diable retienne tous leurs noms!

JUST.

Bravo, camarade!

1. Fräulein, *demoiselle noble.*

LE LAQUAIS.

Je ne suis entré chez ma maîtresse actuelle que depuis quelques jours, à Dresde. A ce que je crois, elle cherche ici son fiancé. —

DE TELLHEIM.

Suffit, mon ami. C'est le nom de votre maîtresse que je voulais savoir, et non ses secrets. Allez !

LE LAQUAIS.

Camarade, ce maître-là ne m'irait pas !

## SCÈNE X

### DE TELLHEIM, JUST.

DE TELLHEIM.

Just, fais que vous déguerpissions d'ici ! La politesse de l'étrangère m'est plus sensible que la grossièreté de l'aubergiste. Tiens, prends cette bague ; c'est le seul joyau qui me reste. Je n'aurais jamais cru que j'en ferais un tel usage ! — Mets-le en gage ! Fais-toi donner dessus quatre-vingts frédérics d'or ; la note de l'hôtelier ne peut pas se monter à trente. Paye-le, et enlève mes malles. — Oui, mais où aller ? — Où tu voudras. L'hôtellerie la moins chère sera la meilleure. Tu me trouveras ici près au café. Je m'en vais ; soigne-moi ça.

JUST.

N'en prenez point souci, monsieur le major !

DE TELLHEIM *revient.*

Avant toutes choses, n'oublie pas mes pistolets qui étaient accrochés derrière le lit,

JUST.

Je n'oublierai rien.

DE TELLHEIM *revient encore.*

Encore une recommandation : emmène ton barbet, tu m'entends, Just! (*Il sort.*)

## SCÈNE XI

JUST.

Le barbet ne restera pas en arrière. Je m'en remets à lui de ce soin. — Hum! mon maître avait encore cette bague précieuse? Il la portait dans sa poche et non pas au doigt? — Bon hôtelier, nous ne sommes pas encore aussi râpés que nous en avons l'air. C'est chez lui, chez lui-même que je te vais mettre en gage, charmante petite bague! Je le sais, il sera furieux de ce qu'on ne te dépensera pas tout entière dans sa maison! Ah!

## SCÈNE XII

PAUL WERNER, JUST.

JUST.

Tiens, Werner! bonjour, Werner! sois le bienvenu dans la ville!

WERNER.

Maudit village! Je ne saurais m'y habituer de nouveau. Gai, gai, les enfants; j'apporte de nouvel argent? Où est le major?

JUST.

Il a dû te croiser, il descend l'escalier.

WERNER.

J'arrive par l'escalier de service. Comment va-t-il? J'aurais été chez vous la semaine d'avant, mais...

JUST.

Eh bien? qu'est-ce qui t'en a empêché?

WERNER.

Just, as-tu entendu parler du prince Héraclius?

JUST.

Héraclius? Pas que je sache.

WERNER.

Tu ne connais point ce grand héros de l'Orient?

JUST.

Je connais les mages de l'Orient qui, dans les premiers jours du Nouvel An, courent les rues avec l'étoile [1].

WERNER.

Mon gaillard, je crois que tu lis aussi peu les gazettes que la Bible. Tu ne connais point le prince Héraclius? ce vaillant homme qui a conquis la Perse et qui, un de ces jours, va faire sauter la Porte ottomane? Dieu merci qu'il y ait encore une guerre en un coin de ce monde! J'ai assez longtemps espéré qu'elle éclaterait de nouveau ici. Mais ils restent dans leurs fauteuils et soignent leur peau. Non, j'étais soldat, je le rede-

1. Allusion au jour des Rois (Épiphanie), où trois gamins se promenaient en chantant dans les villages, avec une grande étoile au bout d'une perche.

viendrai! Bref... (*il regarde avec crainte autour de lui, pour voir si personne ne l'écoute*) soit dit entre nous, j'émigre en Perse pour faire quelques campagnes contre les Turcs, sous les ordres de Son Altesse Royale, le prince Héraclius.

JUST.

Toi?

WERNER.

Moi, tel que tu me vois! Nos aïeux marchèrent de tous temps contre le Turc, et nous devrions encore le faire, si nous étions d'honnêtes gens et de bons chrétiens. Je sais bien qu'une campagne contre le Turc ne saurait être la moitié aussi amusante qu'une campagne contre le Français, mais elle n'en doit être que plus méritoire dans cette vie et dans l'autre. Les Turcs vous ont tous des sabres garnis de diamants...

JUST.

Pour avoir la tête fendue par un sabre de ce genre, je ne ferais pas un pas. Tu ne vas point commettre la folie de quitter ta propriété [1].

WERNER.

Oh! celle-là, je l'emporte!... Tu ne comprends pas?... Mon petit bien est vendu...

JUST.

Vendu?

WERNER.

Chut!... voici cent ducats, que j'ai touchés hier comme arrhes du marché, je les apporte au major...

1. *Schulzengericht*, fief dont le propriétaire avait droit de justice.

JUST.

Que veux-tu qu'il en fasse?

WERNER.

Ce qu'il en doit faire? Les dépenser, parbleu! les jouer, les boire, les... à sa guise. Il faut que cet homme ait de l'argent, c'est assez triste que le sien lui coûte tant de déboires! Mais je sais bien ce que je ferais, si j'étais à sa place! Je me dirais : que le diable vous emporte ici, tous tant que vous êtes, et j'irais en Perse avec Paul Werner!... Tonnerre!... Le prince Héraclius a bien dû entendre parler du major Tellheim, bien qu'il ne connaisse pas son ex-vaguemestre, Paul Werner. Notre affaire à Katzenhaeusern —

JUST.

Dois-je te la raconter?

WERNER.

Toi, à moi?... Je vois bien qu'un beau plan de bataille dépasse ton intelligence. Je ne veux pas jeter mes perles aux pourceaux. — Tiens, prends les cent ducats, donne-les au major. Dis-lui qu'il me les conserve. Il faut que j'aille au marché, j'ai envoyé cinquante boisseaux de seigle à la ville; l'argent que j'en retirerai est également à sa disposition.

JUST.

Werner, tu es un brave cœur, mais nous n'en voulons pas, de ton argent. Garde tes ducats; quant à tes cent pistoles, on n'y a pas touché, tu peux les ravoir quand bon te semblera.

WERNER.

Ah? le major a-t-il encore de l'argent?

JUST.

Non.

WERNER.

En a-t-il emprunté quelque part?

JUST.

Non.

WERNER.

De quoi vit-il donc?

JUST.

Nous faisons ouvrir un compte, et quand on ne veut plus nous faire crédit, quand on nous flanque à la porte, nous mettons en gage ce qui nous reste, et allons plus loin... Écoute, Paul; nous devrions jouer un tour à l'hôtelier.

WERNER.

A-t-il mis des bâtons dans les roues au major?... J'en suis!...

JUST.

Si nous le guettions, le soir, à sa sortie du cabaret, pour le battre comme plâtre?

WERNER.

Le soir... le guetter... deux contre un?... ça ne va pas.

JUST.

Ou si nous lui mettions le feu à sa bicoque?...

WERNER.

Faire métier d'incendiaire?... Mon gaillard, on voit bien que tu as été goujat et non soldat; — fi! Mais qu'as-tu donc? Qu'y a-t-il?

JUST.

Viens, tu vas en entendre de drôles!

WERNER.

Le diable serait-il déchaîné céans?

JUST.

Oui, oui, viens toujours!

WERNER.

Tant mieux! Allons en Perse alors, partons pour la Perse!

# ACTE II

La scène est dans l'appartement de Minna.

---

## SCÈNE I

MINNA DE BARNHELM, FRANÇOISE.

MINNA, *en négligé, regarde à sa montre.*

Mais, Françoise, nous nous sommes levées bien tôt. Nous allons trouver le temps long.

FRANÇOISE.

Qui est-ce qui pourrait dormir, dans ces maudites grandes villes? Les carrosses, les veilleurs de nuit, les tambours, les chats, les caporaux... tout cela ne cesse pas de rouler, de crier, de battre, de miauler, de jurer, comme si la nuit était faite pour toute autre chose que pour dormir. — Une tasse de thé, mademoiselle?

MINNA.

Le thé ne me dit pas.

FRANÇOISE.

Je vais faire faire de notre chocolat.

MINNA.

Fais-en faire pour toi!

FRANÇOISE.

Pour moi? J'aimerais autant bavarder toute seule, que de boire toute seule. — Certes, de cette façon, le temps nous paraîtra long. Il faudra, par ennui, que nous fassions toilette, que nous essayions la robe dans laquelle nous donnerons le premier assaut.

MINNA.

Que parles-tu d'assauts, quand je ne viens ici que pour demander les termes de la capitulation?

FRANÇOISE.

Et monsieur l'officier que nous avons délogé, à qui nous avons fait présenter nos excuses, il ne doit pas être non plus des mieux élevés, sans quoi il aurait bien pu nous faire demander l'honneur d'être admis à nous présenter ses respects.

MINNA.

Tous les officiers ne sont pas des Tellheim. A dire le vrai, je ne lui fis présenter mes excuses que pour avoir l'occasion de m'informer de Tellheim auprès de lui. — Françoise, mon cœur me dit que mon voyage sera heureux, que je le trouverai.

FRANÇOISE.

Le cœur, mademoiselle? Il ne faut pas trop se fier au cœur. Le cœur est furieusement porté à abonder dans le sens de la bouche. Si la bouche était aussi disposée à abonder dans le sens du cœur, il y a longtemps que la mode serait née de mettre un cadenas à la bouche.

MINNA.

Ha! ha! avec ton cadenas à la bouche! Cette mode-là m'irait!

FRANÇOISE.

Mieux vaut ne pas montrer les plus belles dents qu'à tout moment laisser le cœur sauter par-dessus !

MINNA.

Quoi? es-tu si réservée?

FRANÇOISE.

Non, mademoiselle, mais je voudrais bien l'être davantage. On parle rarement de la vertu que l'on a, et d'autant plus souvent de celle qu'on n'a pas.

MINNA.

Vois-tu, Françoise, tu as fait là une excellente remarque.

FRANÇOISE.

Fait? Est-ce qu'on fait les idées qui vous viennent au hasard?

MINNA.

Sais-tu pourquoi je trouve précisément cette remarque excellente? Elle se rapporte beaucoup à mon cher Tellheim.

FRANÇOISE.

Qu'est-ce qui, pour vous, ne se rapporterait pas à lui?

MINNA.

Amis et ennemis s'accordent à dire qu'il est le plus vaillant homme au monde. Or, qui est-ce qui l'a jamais entendu parler de vaillance? Il a le cœur le plus droit, mais droiture et magnanimité sont des mots qu'il n'a jamais à la bouche.

FRANÇOISE.

De quelles vertus parle-t-il donc?

MINNA.

Il ne parle d'aucune, car il ne lui en manque pas une.

FRANÇOISE.

Voilà ce que je voulais entendre.

MINNA.

Attends, Françoise, j'y pense. Il parle très souvent d'économie. Entre nous, je crois que notre homme est un panier percé.

FRANÇOISE.

Et ceci encore, mademoiselle : moi, je l'ai pour ma part, entendu souvent témoigner de sa fidélité et de sa constance à votre égard. Hé, si le monsieur était aussi un cœur volage?

MINNA.

Tais-toi, malheureuse!... Mais parles-tu sérieusement, Françoise?

FRANÇOISE.

Combien de temps y a-t-il qu'il ne vous a écrit?

MINNA.

Hélas! depuis la conclusion de la paix il ne m'a écrit qu'une seule fois.

FRANÇOISE.

Un soupir aussi contre la paix. Étrange! La paix ne devait que réparer les maux de la guerre et elle détruit aussi le peu de bien que la guerre a fait. La paix ne devrait pas être si bizarre!... Et depuis combien de temps avons-nous la paix? Le temps vous paraît joliment long, quand il y a si peu de nouveau. — C'est en vain que la poste fonctionne régulièrement; personne n'écrit, car personne n'a rien à écrire.

MINNA.

La paix est faite, m'écrivait-il, et le moment approche où mes vœux seront exaucés. Mais pourquoi ne me l'a-t-il écrit qu'une fois, rien qu'une fois...

FRANÇOISE.

Pourquoi nous force-t-il à courir nous-mêmes au-devant de la réalisation de ces vœux ; si nous le trouvons, il nous le payera! — Si pourtant notre homme avait exaucé des vœux, si nous apprenions ici —

MINNA, *avec crainte et vivacité.*

Qu'il est mort?

FRANÇOISE.

Pour vous, mademoiselle; qu'il est dans les bras d'une autre.

MINNA.

Bourreau! Attends, Françoise, il te le revaudra. — Mais continue à bavarder; sans quoi nous nous rendormirons. — La paix faite, son régiment fut disloqué et versé dans d'autres corps. Qui sait dans quels embarras de calculs et de contrôles cela l'aura mis? Qui sait dans quel autre régiment, dans quelle province reculée on l'aura envoyé? Qui sait quelles circonstances... On frappe.

FRANÇOISE.

Entrez!

## SCÈNE II

L'HÔTELIER, LES PRÉCÉDENTES.

L'HÔTELIER, *montrant sa tête à la porte.*

Est-il permis, mademoiselle?

FRANÇOISE.

Monsieur notre hôtelier? Entrez donc tout à fait.

L'HÔTELIER, *une plume derrière l'oreille, une feuille de papier et une écritoire à la main.*

Mademoiselle, je viens vous souhaiter un humble bonjour, — (à *Françoise*) et à vous également, ma belle enfant...

FRANÇOISE.

Quelle politesse !

MINNA.

Nous vous remercions.

FRANÇOISE.

Nous vous rendons votre bonjour.

L'HÔTELIER.

Puis-je me permettre de demander comment Votre Grâce a reposé la première nuit sous mon mauvais toit ?...

FRANÇOISE.

Le toit n'est pas si mauvais que çà, monsieur l'hôtelier, mais les lits auraient pu être meilleurs.

L'HÔTELIER.

Qu'entends-je ? Vous n'avez pas bien dormi ?... Peut-être que l'excès de fatigue du voyage —

MINNA.

C'est possible.

L'HÔTELIER.

C'est sûr! car autrement — D'ailleurs, si tout n'était pas parfaitement au gré de Votre Grâce, qu'elle daigne donner ses ordres.

FRANÇOISE.

C'est bon, c'est bon, monsieur l'hôtelier! Nous ne sommes pas timides; c'est à l'hôtel que la timidité sied le moins. Nous vous dirons ce qu'il nous faudra.

L'HÔTELIER.

Je viens en même temps. *(Il prend sa plume.)*

FRANÇOISE.

Eh bien?...

L'HÔTELIER.

Sans doute que Votre Grâce connaît déjà les sages ordonnances de notre police?

MINNA.

Pas le moins du monde, monsieur l'hôtelier.

L'HÔTELIER.

Nous, hôteliers, sommes avisés de ne loger aucun étranger, quels que soient sa condition et son sexe, pendant vingt-quatre heures, sans donner par écrit, à qui de droit, ses noms, lieu de naissance, profession, les affaires qui l'amènent ici, la durée probable de son séjour, etc.

MINNA.

Très bien.

L'HÔTELIER.

Votre Grâce me permettra donc. *(Il va à la table et se prépare à écrire.)*

MINNA.

Très volontiers. — Je m'appelle...

L'HÔTELIER.

Un petit moment de patience! — (*Il écrit.*) Date, « le 22 août de l'année courante, est arrivée ici au Roi d'Espagne ». — Maintenant votre nom, mademoiselle?

MINNA.

Mademoiselle de Barnhelm.

L'HÔTELIER *écrit.*

« De Barnhelm » — Venant? d'où, mademoiselle?

MINNA.

De mes terres en Saxe.

L'HÔTELIER *écrit.*

« Terres en Saxe. » — De la Saxe? Hé, hé, mademoiselle, de la Saxe?

FRANÇOISE.

Eh bien, pourquoi pas? Je suppose que, dans ce pays-ci, ce n'est pas un crime d'être de la Saxe?

L'HÔTELIER.

Un crime? Jamais! ce serait là un crime tout nouveau! — De la Saxe donc! Hé, hé, de la Saxe! Cette chère Saxe!... Mais, si je ne me trompe, mademoiselle, la Saxe n'est pas petite, elle a plusieurs, — comment dirai-je, districts, provinces. — Notre police est très minutieuse.

MINNA.

Je comprends; mettez: de mes terres en Thuringe.

L'HOTELIER.

En Thuringe! Oui, cela vaut mieux, mademoiselle, c'est plus précis. — (*Il écrit, puis lit.*) « Mademoiselle de Barnhelm, venant de ses terres en Thuringe, avec une femme de chambre et deux domestiques. »

FRANÇOISE.

Une femme de chambre? Sous ce nom c'est moi que vous désignez?

L'HÔTELIER.

Oui, ma belle enfant.

FRANÇOISE.

Alors, monsieur l'hôtelier, au lieu de *femme*, mettez fille de chambre. Vous nous dites que la police est très minutieuse; cela pourrait donner lieu à une méprise qui deviendrait peut-être, à la publication des bans, une source d'embarras pour moi. Car je suis vraiment encore fille, je m'appelle Françoise, mon nom patronymique est Willig : Françoise Willig. Je suis aussi de la Thuringe. Mon père était meunier dans l'une des propriétés de mademoiselle, à Klein-Rammsdorf. Mon frère tient actuellement le moulin. Je vins fort jeune au château et fus élevée avec mademoiselle. Nous sommes du même âge, vingt et un ans à la prochaine Chandeleur. J'ai appris tout ce que mademoiselle a appris. Je serais enchantée que la police me connût bien.

L'HÔTELIER.

Parfait, ma belle enfant; j'en prends note pour la suite — A présent, mademoiselle, qu'est-ce qui vous amène ici?

MINNA.

Ce qui m'amène?

L'HÔTELIER.

Votre Grâce vient-elle faire une demande à Sa Majesté le Roi?

MINNA.

Oh non!

L'HÔTELIER.

Ou bien a-t-elle affaire à nos tribunaux d'appel?

MINNA.

Non plus.

L'HÔTELIER.

Ou...

MINNA.

Non, non. Je viens simplement pour affaires personnelles.

L'HÔTELIER.

Parfaitement, mademoiselle; mais qu'entendez-vous par ces affaires personnelles?

MINNA.

J'entends par là — Françoise, je crois qu'on nous fait subir un interrogatoire en forme.

FRANÇOISE.

Monsieur l'hôtelier, la police demanderait-elle à savoir les secrets d'une femme?

L'HÔTELIER.

Certainement, ma belle enfant; la police veut tout, tout savoir et surtout des secrets.

FRANÇOISE.

En ce cas, mademoiselle, que faire? — Écoutez bien, monsieur l'hôtelier; mais que cela reste entre la police et nous!...

MINNA.

Qu'est-ce que la folle va lui dire?

FRANÇOISE.

Nous venons enlever un officier au roi.

L'HÔTELIER.

Comment? quoi? Mon enfant! mon enfant!

FRANÇOISE.

Ou nous faire enlever par l'officier. C'est tout un.

MINNA.

Françoise, perds-tu la tête? — Monsieur l'hôtelier, l'impertinente se moque de vous.

L'HÔTELIER.

J'espère que non! Qu'elle se moque de moi chétif tant qu'elle voudra; mais de la haute police —

MINNA.

Une idée, monsieur l'hôtelier? Je ne suis pas experte en la matière; à mon avis vous devriez remettre toutes ces formalités jusqu'à l'arrivée de mon oncle. Je vous ai déjà dit hier pourquoi il n'est pas arrivé en même temps que moi. Sa voiture s'est brisée, à deux milles [1] d'ici, il n'a pas toléré que ce contre-temps me fît perdre une nuit de plus. Je l'ai donc précédé. Il arrivera tout au plus vingt-quatre heures après moi.

L'HÔTELIER.

Soit, mademoiselle, nous l'attendrons.

MINNA.

Il pourra mieux répondre à vos questions. Il saura à qui se découvrir et dans quelle mesure, ce qu'il doit dire et taire de ses affaires.

L'HÔTELIER.

Tant mieux! A vrai dire on ne peut exiger d'une jeune fille (*il regarde Françoise d'un air impor-*

1. Le mille allemand vaut sept kilomètres et demi.

*tant*) qu'elle traite sérieusement une chose sérieuse avec des gens sérieux.

MINNA.

Les chambres de mon oncle sont prêtes, n'est-ce pas, monsieur l'hôtelier?

L'HÔTELIER.

Complètement prêtes, mademoiselle, sauf celle...

FRANÇOISE.

Dont il vous faudra peut-être encore au préalable déloger quelque honnête homme?

L'HÔTELIER.

Les fillettes, les caméristes de la Saxe, sont sans doute très compatissantes, mademoiselle de Barnhelm?...

MINNA.

Oui, monsieur l'hôtelier, vous avez eu tort en cela. Vous auriez mieux fait de ne pas nous recevoir.

L'HÔTELIER.

Comment cela, mademoiselle, comment cela?

MINNA.

J'apprends que l'officier que nous avons fait partir...

L'HÔTELIER.

N'est qu'un officier licencié, mademoiselle.

MINNA.

Et quand même!

L'HOTELIER.

A bout de ressources.

MINNA.

C'est d'autant plus regrettable. On dit qu'il a du mérite.

L'HÔTELIER.

Mais je vous dis qu'il est licencié!

MINNA.

Le roi ne peut connaître tous les hommes de mérite.

L'HÔTELIER.

Oh que si, il les connaît, il les connait tous.

MINNA.

Alors il ne peut les récompenser tous.

L'HÔTELIER.

Ils seraient tous récompensés, s'ils avaient réglé leur vie en conséquence. Mais pendant la guerre ces messieurs ont vécu comme si la guerre devait être éternelle, comme si le tien et le mien étaient supprimés à jamais. Maintenant toutes les auberges et hôtelleries en sont encombrées, et il faut qu'un hôtelier use de prudence à leur égard. Avec celui-ci j'ai assez bien tiré mon épingle du jeu. Quoiqu'il n'eût plus d'argent, il possédait encore des valeurs et j'aurais pu sans crainte le laisser deux ou trois mois de plus ici. Mais mieux vaut mieux. — A propos, mademoiselle, vous devez vous y connaître en bijoux?

MINNA.

Pas spécialement.

L'HÔTELIER.

Qu'est-ce que Votre Grâce ne sait pas? Il faut que je vous montre une bague, une bague magnifique. Certes mademoiselle en a aussi une très belle au doigt, et plus je la considère, plus je m'étonne de la voir si exactement pareille à la mienne. — Oh! voyez donc, voyez donc! *(Il la sort de l'écrin et la présente à Minna*). Quels feux! le brillant du milieu à lui seul pèse plus de cinq carats.

MINNA, *examinant la bague.*

Où suis-je? — Que vois-je? Cette bague...

L'HÔTELIER.

Vaut entre frères quinze cents écus.

MINNA.

Françoise! — Vois donc!...

L'HÔTELIER.

Aussi n'ai-je pas hésité un seul instant à prêter quatre-vingts pistoles dessus.

MINNA.

Tu ne la reconnais pas, Françoise?

FRANÇOISE.

C'est la même! — Monsieur l'hôtelier, d'où tenez-vous cette bague?...

L'HÔTELIER.

Quoi, mon enfant? J'espère bien que vous n'avez pas de droits sur elle?

FRANÇOISE.

Nous, pas de droits sur cette bague? — A l'intérieur du chaton doit se trouver le chiffre de mademoiselle. — Montrez donc, mademoiselle.

MINNA.

C'est elle, c'est elle! — Comment avez-vous eu cette bague, monsieur l'hôtelier?

L'HÔTELIER.

Moi? De la plus honnête façon du monde. Mademoiselle, mademoiselle, vous n'allez pas me faire du tort, me faire avoir des désagréments; Sais-je d'où elle vient, cette bague? Pendant la guerre mainte chose change de main, très souvent, avec ou sans la connivence du propriétaire. Et la guerre a toujours été la guerre. Plus d'une bague de la Saxe aura passé la frontière. — Rendez-la moi, mademoiselle, rendez-la-moi!

FRANÇOISE.

Répondez d'abord : de qui la tenez-vous?

L'HÔTELIER.

D'un homme qui pour moi est au-dessus de tout soupçon de ce genre; d'un excellent homme d'ailleurs.

MINNA.

Du meilleur qui soit sous le soleil, si vous la tenez de son propriétaire. Vite, amenez-moi cet homme! C'est lui-même, ou du moins il doit le connaître.

L'HÔTELIER.

De qui parlez-vous donc? Qui doit-il connaître, mademoiselle?

FRANÇOISE.

Vous n'entendez donc pas? Notre major.

L'HÔTELIER.

Major? C'est juste, c'est un major, celui qui a logé dans cet appartement avant vous, et de qui je tiens la bague.

MINNA.

Le major de Tellheim?

L'HÔTELIER.

De Tellheim, oui! Le connaissez-vous?

MINNA.

Si je le connais? Il est ici? Tellheim est ici? Lui? C'est lui qui a logé dans cet appartement? Lui! il vous a remis cet anneau en gage? Comment cet homme se trouve-t-il réduit à cette extrémité? Où est-il? Il vous doit de l'argent? — Françoise, ma cassette! Ouvre! (*Françoise apporte la cassette sur la table et l'ouvre.*) Combien vous doit-il? A qui en doit-il plus? Amenez-moi tous ses créanciers. Voici de l'argent. Voici des traites. Tout lui appartient!

L'HÔTELIER.

En croirai-je mes oreilles?

MINNA.

Où est-il? où est-il?

L'HÔTELIER.

Il était encore ici, il y a une heure.

MINNA.

Vilain homme, comment pûtes-vous être si désobligeant, si dur, si cruel envers lui?

L'HÔTELIER.

Votre Grâce pardonnera...

MINNA.

Vite, amenez-le-moi.

L'HÔTELIER.

Son domestique est peut-être encore ici. Votre Grâce veut-elle que j'aille le chercher?

MINNA.

Si je veux? Hâtez-vous, courez, c'est à cette condition seulement que j'oublierai la manière odieuse dont vous l'avez traité.

FRANÇOISE.

Vite, monsieur l'hôtelier, preste, partez, partez! (*Elle le pousse dehors.*)

## SCÈNE III

MINNA, FRANÇOISE.

MINNA.

Je l'ai retrouvé, Françoise! Vois-tu, je l'ai retrouvé! La joie me met hors de moi! Réjouis-toi donc avec moi, chère Françoise. Mais pourquoi le ferais-tu, toi? Cependant tu le dois, il faut que tu partages ma joie. Viens, ma chère, je veux te faire un cadeau, afin que tu puisses partager mon allégresse. Parle, Françoise, que dois-je te donner? Qu'est-ce qui te plaît parmi les objets que je possède? Qu'aimerais-tu? Prends ce que tu voudras, mais montre de la joie. Je vois bien que tu ne prendras rien. Attends! (*Elle plonge la main dans la cassette.*) Tiens, chère Françoise (*elle lui donne de l'argent*) achète-toi ce qui te fera plaisir. Demande davantage, si la somme est insuffisante. Mais partage ma joie. C'est si triste de se réjouir toute seule. Mais prends donc.

FRANÇOISE.

Je vous le vole, mademoiselle; vous êtes ivre de bonheur.

MINNA.

Fillette, j'ai l'ivresse méchante; prends, ou... (*elle lui met l'argent de force dans la main*); et si tu me remercies!.... Attends; heureusement que j'y pense. (*Elle puise derechef dans la cassette.*) Ceci, chère Françoise, mets-le de côté, pour un pauvre soldat blessé, le premier qui nous abordera.

## SCÈNE IV

L'HÔTELIER, MINNA, FRANÇOISE.

MINNA.

Eh bien va-t-il venir?

L'HÔTELIER.

Le bourru, le grossier personnage!

MINNA.

Qui cela?

L'HÔTELIER.

Son domestique. Il refuse d'aller le chercher.

FRANÇOISE.

Amenez-moi donc ce mauvais drôle. Je les connais tous, je crois, les domestiques du major. Qui cela peut-il être?

MINNA.

Amenez-le vite. Quand il nous aura vues, il ira. (*L'hôtelier sort.*)

## SCÈNE V

MINNA, FRANÇOISE.

MINNA.

Je meurs d'impatience. Mais, Françoise, tu restes toujours bien froide. Tu ne veux pas encore te réjouir avec moi?

FRANÇOISE.

Je le voudrais bien, et de tout mon cœur; pourvu que.....

MINNA.

Pourvu que?

FRANÇOISE.

Nous avons retrouvé notre homme, mais dans quel état l'avons-nous retrouvé? D'après tout ce qu'on nous dit de lui, il se trouve dans une fâcheuse situation. Il doit être malheureux. Cela me fait de la peine.

MINNA.

De la peine? Que je t'embrasse pour ce mot-là, ma chère compagne! Je ne l'oublierai jamais!... Moi, je ne suis qu'amoureuse, et toi, tu es bonne

## SCÈNE VI

L'HÔTELIER, JUST, LES PRÉCÉDENTES.

L'HÔTELIER.

Je l'amène à grand'peine.

FRANÇOISE.

Visage nouveau! Je ne le connais pas.

MINNA.

Mon ami, êtes-vous au service du major de Tellheim?

JUST.

Oui.

MINNA.

Où est votre maître?

JUST.

Pas ici.

MINNA.

Mais vous savez où le trouver?

JUST.

Oui.

MINNA.

Ne voulez-vous pas l'aller chercher tout de suite?

JUST.

Non.

MINNA.

Vous me feriez plaisir.

JUST.

Hé!

MINNA.

Et vous rendriez service à votre maître.

JUST.

Ce serait peut-être le contraire....

MINNA.

Qu'est-ce qui vous fait supposer cela?

JUST.

N'êtes-vous pas la dame étrangère qui l'avez fait complimenter ce matin?

MINNA.

Oui.

JUST.

Alors je ne me suis pas trompé.

MINNA.

Votre maître sait-il mon nom ?

JUST.

Non; mais les dames par trop polies lui paraissent tout aussi insupportables que les hôteliers par trop grossiers.

L'HÔTELIER.

C'est à moi sans doute que ce discours s'adresse?

JUST.

Oui.

L'HÔTELIER.

N'en faites pas porter la peine à mademoiselle; et allez vite le chercher.

MINNA, à *Françoise.*

Françoise, donne-lui quelque chose....

FRANÇOISE, *en cherchant à lui faire accepter de l'argent.*

Nous ne voulons pas un service gratuit.

JUST.

Ni moi votre argent sans l'avoir gagné.

FRANÇOISE.

L'un en échange de l'autre.

JUST.

Je ne puis pas. Mon maître m'a commandé de faire ses malles. Je suis en train et je vous prie de ne plus me retenir. Quand j'aurai fini, je veux bien lui dire qu'on le demande ici. Il est à côté, au café; et s'il n'y trouve rien de mieux à faire, il est probable qu'il viendra. *(Il veut sortir.)*

FRANÇOISE.

Attendez donc.... Mademoiselle est la sœur du major.

MINNA.

Oui, oui, sa sœur.

JUST.

Je suis mieux informé, je sais que le major n'a pas de sœur. En six mois il m'a envoyé deux fois dans sa famille en Courlande... Mais il y a différentes sortes de sœurs....

FRANÇOISE.

Insolent!

JUST.

Ne faut-il pas l'être pour qu'on vous laisse partir? (*Il sort.*)

FRANÇOISE.

En voilà un gredin!

L'HÔTELIER.

Ne vous le disais-je pas? Mais laissez-le; je sais maintenant où se trouve son maître. Je cours le chercher moi-même.... Seulement, mademoiselle, je vous prierai humblement de m'excuser auprès de monsieur le major de ce que j'ai eu le malheur d'offenser involontairement un homme de son mérite....

MINNA.

Allez vite, monsieur l'hôtelier. Je réparerai tout le mal. (*L'aubergiste sort, Minna poursuit :*) Françoise, cours après lui, qu'il ne me nomme pas! (*Françoise sort.*)

## SCÈNE VII

MINNA, FRANÇOISE.

MINNA.

Je le retrouve!... Suis-je seule?... Je ne serai pas seule en vain. (*Elle joint les mains.*) D'ailleurs je ne le suis pas! (*Levant les yeux.*) Une seule pensée de gratitude envers le ciel est la meilleure des prières!... Je le tiens, je le tiens! (*Ouvrant les bras.*) Je suis heureuse et contente! Qu'est-ce que le créateur voit avec plus de plaisir qu'une heureuse créature !... (*Françoise entre.*) Déjà de retour, Françoise !... Il te fait de la peine ? A moi, non. Le malheur a du bon. Peut-être que le ciel lui a tout pris pour lui rendre tout en moi !

FRANÇOISE.

Il sera ici d'un moment à l'autre. Vous êtes encore en négligé, mademoiselle, si vous vous habilliez lestement ?

MINNA.

Va, je t'en prie. Désormais il me verra plus souvent ainsi qu'en toilette.

FRANÇOISE.

Oh ! vous vous connaissez, mademoiselle.

MINNA, *après un instant de réflexion.*

Vraiment, ma fille, tu es encore une fois tombée juste.

FRANÇOISE.

Quand on est belle, on l'est bien plus sans atours.

MINNA.

Faut-il donc que nous soyons belles ?... Il était peut-être nécessaire que nous crussions l'être.... Non, pourvu que je sois belle à ses yeux, à ses yeux seulement !... Françoise, si toutes les femmes sont telles que je me sens à présent, nous faisons de bizarres... créatures. Tendres et fières, vertueuses et vaniteuses, frivoles et pieuses. Tu ne comprendras pas. Je ne me comprends probablement pas moi-même... La joie donne le vertige.

FRANÇOISE.

Contenez-vous, mademoiselle; j'entends qu'on vient.

MINNA.

Me contenir? Le recevoir avec calme?

## SCENE VIII

DE TELLHEIM, L'HÔTELIER, LES PRÉCÉDENTES.

DE TELLHEIM *entre et, à la vue de Minna, court à elle.*

Ah! ma chère Minna!

MINNA, *courant à lui.*

Ah! mon cher Tellheim!...

DE TELLHEIM *s'arrête soudain et recule.*

Pardonnez, mademoiselle... trouver ici mademoiselle de Barnhelm...

MINNA.

Cela ne saurait être pour vous une chose très inattendue... (*Elle approche, il recule.*) Dois-je vous pardonner d'être encore votre Minna? Puisse le ciel vous pardonner de ce que je sois encore mademoiselle de Barnhelm!...

DE TELLHEIM.

Mademoiselle! (*Il arrête ses regards sur l'hôtelier et hausse les épaules.*)

MINNA *remarque l'hôtelier et fait signe à Françoise.*

Monsieur.

DE TELLHEIM.

Si nous ne nous trompons de part et d'autre....

FRANÇOISE.

Oui, monsieur l'hôtelier, qui nous amenez-vous donc là? Vite, venez, cherchons l'autre, le vrai.

L'HÔTELIER.

N'est-ce pas le vrai? Oh, que si!

FRANÇOISE.

Oh! que nenni! Venez vite; je n'ai pas encore dit bonjour à mademoiselle votre fille.

L'HÔTELIER.

C'est beaucoup d'honneur... (*Il ne bouge pas.*)

FRANÇOISE *le prend par le bras.*

Venez, nous allons faire le menu.... Voyons ce que vous avez....

L'HÔTELIER.

Vous aurez au premier service...

FRANÇOISE.

Silence, silence! Si ma maîtresse sait dès maintenant ce qu'elle mangera à midi, c'en est fait de son appétit. Venez, c'est à moi seule qu'il faut le dire. (*Elle l'emmène de force.*)

## SCÈNE IX

### DE TELLHEIM, MINNA.

MINNA.

Eh bien? Nous trompons-nous encore?

DE TELLHEIM.

Plût au ciel!... Mais il n'y a qu'une Minna, et c'est vous.

MINNA.

Que d'embarras! Ce que nous avons à nous dire, tout le monde peut l'entendre.

DE TELLHEIM.

Vous ici? Que cherchez-vous ici, mademoiselle?

MINNA.

Plus rien. (*Elle va à lui les bras ouverts.*) Ce que je cherchais, je l'ai trouvé.

DE TELLHEIM, *reculant.*

Vous cherchiez un homme heureux, digne de votre amour et vous trouvez un malheureux.

MINNA.

Alors vous ne m'aimez plus?... Vous en aimez une autre!

DE TELLHEIM.

Ah! ce serait ne vous avoir jamais aimée, mademoiselle, que d'en pouvoir aimer une autre après vous.

MINNA.

Vous ne m'arrachez qu'un trait du cœur.... si j'ai perdu votre tendresse, peu importe que l'indifférence ou des charmes plus puissants m'en aient privée... Vous ne m'aimez plus et vous n'aimez pas d'autre femme?... Malheureux en effet, si vous n'aimez rien du tout!...

DE TELLHEIM.

Bien dit, mademoiselle; le malheureux ne doit rien aimer au monde. Il mérite son infortune, du moment qu'il ne sait pas remporter cette victoire sur lui-même. s'il permet que celle qu'il aime prenne part à son malheur.... Que cette victoire est difficile!.... Depuis que la raison et la nécessité me commandent d'oublier Minna de Barnhelm, que d'efforts cela m'a coûtés! J'espérais que ces efforts ne seraient pas toujours vains..., et vous apparaissez, mademoiselle!

MINNA.

Est-ce que je vous comprends bien?... Arrêtez, monsieur; voyons où nous sommes, avant de nous égarer davantage!... Voulez-vous répondre à une question, une seule?

DE TELLHEIM.

A toutes les questions, mademoiselle...

MINNA.

Voulez-vous aussi me répondre sans détour, sans ambages? Par un seul mot, un seul mot, un oui ou un non tout sec?

DE TELLHEIM.

Oui... si je le puis.

MINNA.

Vous le pouvez.... Bien : malgré les efforts que vous avez faits pour m'oublier... m'aimez-vous encore, Tellheim?

DE TELLHEIM.

Mademoiselle, cette question...

MINNA.

Vous avez promis de ne répondre que par oui et par non.

DE TELLHEIM.

En ajoutant : si je le puis.

MINNA.

Vous pouvez, vous devez savoir ce qui se passe dans votre cœur.... M'aimez-vous encore, Tellheim?... Oui ou non.

DE TELLHEIM.

Si mon cœur...

MINNA.

Oui, ou non!

DE TELLHEIM.

Eh bien, oui!

MINNA.

Oui?

DE TELLHEIM.

Oui, oui!... mais...

MINNA.

Patience!... Vous m'aimez encore : cela me suffit... Voilà que j'ai pris le même ton que vous! Un ton désagréable, mélancolique, contagieux... Je reprends mon ton naturel... Eh bien, mon cher malheureux, vous m'aimez encore, vous retrouvez votre Minna, et vous êtes malheureux? Écoutez quelle était la sotte fatuité de votre Minna. Elle s'imaginait... elle s'imagine qu'elle est tout votre bonheur... Vite, racontez vos malheurs. Elle va voir combien elle pèse dans la balance... Eh bien?

DE TELLHEIM.

Mademoiselle, je n'ai pas l'habitude de me plaindre.

MINNA.

Parfaitement. Je ne sais pas en effet ce qui, après la forfanterie, me plairait moins chez un soldat que les doléances. Mais il y a une manière froide et nonchalante de parler de son courage et de sa malechance —

DE TELLHEIM.

Qui n'est au fond que forfanterie et doléance.

MINNA.

Oh l'ergoteur, il ne fallait pas vous appeler malheureux.... On garde un silence absolu, ou l'on parle à cœur ouvert... La raison, la nécessité qui vous commande de m'oublier? Je suis grand amateur de raison, j'ai beaucoup de respect pour la nécessité... Mais expliquez-moi jusqu'à quel point cette raison est raisonnable, jusqu'à quel point cette nécessité est nécessaire.

DE TELLHEIM.

Soit, écoutez, mademoiselle... Vous m'appelez Tellheim; c'est mon nom... Mais vous croyez que je suis le Tellheim que vous avez connu dans votre pays, l'homme dans toute sa force, plein d'avenir, plein d'ambition, jouissant de toutes ses facultés physiques et morales, devant qui les barrières de la gloire, de la fortune s'ouvraient toutes grandes; et qui pouvait espérer devenir de jour en jour plus digne de votre cœur et de votre main, s'il n'en était pas digne encore... Je suis aussi peu ce Tellheim-là... que je suis mon père. Tous deux ont vécu... Je suis Tellheim, l'officier licencié, offensé dans son honneur, l'estropié, le mendiant... C'est au premier que vous avez engagé votre foi; voulez-vous tenir parole au second?

MINNA.

Voilà des mots bien tragiques!... Pourtant monsieur, jusqu'à ce que j'aie retrouvé le premier... je suis folle des Tellheim, que voulez-vous?... il faut que le second m'aide à me tirer d'embarras... Ta main, cher mendiant! (*Elle saisit sa main.*)

DE TELLHEIM, *de l'autre main qui tient son chapeau, se cache le visage et se détourne.*

C'est trop!... Où suis-je? Laissez-moi, mademoiselle! Votre bonté me torture... Laissez-moi!

MINNA.

Qu'avez-vous? où voulez-vous aller?

DE TELLHEIM.

Loin de vous.

MINNA.

Loin de moi? (*Elle attire la main de Tellheim sur son cœur.*) Rêveur!

DE TELLHEIM.

Le désespoir me fera mourir à vos pieds.

MINNA.

Loin de moi?

DE TELLHEIM.

Loin de vous... Ne jamais vous revoir, jamais... Je suis bien résolu, fermement résolu à ne pas commettre de vilenie, à ne pas vous laisser faire un acte irréfléchi... Laissez-moi, Minna! (*Il s'arrache à son étreinte et sort*).

MINNA *le poursuit.*

Minna, vous laisser aller? Tellheim! Tellheim!

# ACTE III

La scène est dans la salle de l'hôtel.

---

## SCÈNE I

JUST, *une lettre à la main.*

Il me faut encore une fois venir dans cette maudite maison!... Un billet de mon maître à cette demoiselle qui se dit sa sœur... Pourvu que ce ne soit pas le début de quelque liaison!... Je n'en finirais point de porter des lettres... Je m'en débarrasserais volontiers, mais sans entrer dans l'appartement... Ces femmes sont si questionneuses, et moi j'ai tant de déplaisir à répondre!... Ah! la porte s'ouvre. Comme à souhait, voici la soubrette!

## SCÈNE II

FRANÇOISE, JUST.

FRANÇOISE, *à la cantonade, par la porte d'où elle vient.*

Soyez sans crainte, je vais faire le guet... Tiens! (*Elle aperçoit Just.*) En voilà une rencontre! Mais avec cette brute il n'y a rien à faire.

JUST.

Votre serviteur.

FRANÇOISE.

Je n'en voudrais pas, d'un pareil serviteur.

JUST.

Allons, allons, pardonnez-moi cette façon de parler !... J'apporte un billet de mon maître pour votre maîtresse, mademoiselle... sa sœur... N'était-ce pas cela? sa sœur.

FRANÇOISE.

Donnez! (*Elle lui arrache la lettre de la main.*)

JUST.

Mon maître vous prie d'avoir la bonté de la remettre. Puis vous devez avoir la bonté, c'est mon maître qui vous en prie... n'allez pas croire que moi je demande quelque chose!

FRANÇOISE.

Au fait?

JUST.

Mon maître connaît les roueries. Il sait que pour arriver aux demoiselles, il faut passer par les filles de chambre... à ce que je supppose!... Que mademoiselle ait donc la bonté... c'est mon maître qui l'en prie... de lui faire dire s'il ne pourrait pas avoir le plaisir de l'entretenir un quart d'heure.

FRANÇOISE.

Qui? moi?

JUST.

Pardon, si je vous donne un titre inexact... Oui vous!... Rien qu'un petit quart d'heure, mais seule, toute seule, en secret entre quatre yeux. Il paraîtrait qu'il a une communication urgente à vous faire.

FRANÇOISE.

Bien! moi aussi j'ai bien des choses à lui dire... qu'il vienne, je suis à ses ordres.

JUST.

Mais quand peut-il venir? Quel moment vous irait le mieux, mademoiselle? serait-ce entre chien et loup?....

FRANÇOISE.

Comment l'entendez-vous?... Votre maître peut venir quand bon lui semblera... quant à vous, tâchez de déguerpir!

JUST.

De grand cœur! (*Il veut sortir.*)

FRANÇOISE.

Écoutez donc! un mot encore!... Où sont les autres domestiques du major?

JUST.

Les autres? De ci, de là, dans toutes les directions.

FRANÇOISE.

Où est Guillaume?

JUST.

Le valet de chambre? Le major l'a envoyé se promener.

FRANÇOISE.

Ah! Et Philippe, où est-il?

JUST.

Le piqueur? mon maître l'a donné à quelqu'un.

FRANÇOISE.

Parce qu'il n'a point de chasse pour le moment, sans doute... Mais Martin?

JUST.

Le cocher? Il est allé faire un tour à cheval.

FRANÇOISE.

Et Fritz?

JUST.

Le courrier? Il a eû de l'avancement.

FRANÇOISE.

Où étiez-vous donc, vous, lorsque le major avait ses quartiers d'hiver chez nous, en Thuringe? Vous ne faisiez pas encore partie de sa maison?

JUST.

Oh si, comme palefrenier; mais j'étais à l'hôpital.

FRANÇOISE.

Palefrenier? et maintenant vous êtes?

JUST.

Tout à la fois : valet de chambre et piqueur, courrier et palefrenier.

FRANÇOISE.

Inconcevable! Laisser partir tant de braves et bons serviteurs, et garder justement le pire de tous! Je voudrais bien savoir quelles qualités votre maître vous trouve!

JUST.

Il trouve peut-être que je suis un honnête garçon.

FRANÇOISE.

Oh, c'est être diablement peu que d'être tout uniment honnête... Guillaume était un autre homme... votre maître l'a envoyé se promener?

JUST.

Oui, il l'a fait... parce qu'il n'a pas pu l'empêcher.

FRANÇOISE.

Comment?

JUST.

Oh! Guillaume sera considéré dans ses promenades. Il a emporté toute la garde-robe du major.

FRANÇOISE.

Quoi?... il ne s'est pas sauvé avec?

JUST.

On ne peut pas précisément dire cela; mais quand nous quittâmes Nuremberg, il s'est contenté de ne pas nous suivre.

FRANÇOISE.

Oh! le filou!

JUST.

C'est un homme parfait! Il savait friser, raser, pérorer... et enjôler... Pas vrai?

FRANÇOISE.

Je n'aurais pas congédié le piqueur, si j'avais été à la place du major. S'il ne pouvait plus rendre de services comme piqueur, ce n'en était pas moins un gaillard actif... A qui l'a-t-il donné?

JUST.

Au commandant de Spandau.

FRANÇOISE.

De la forteresse? La chasse sur les remparts ne doit pas y être non plus considérable.

JUST.

Oh, Philippe n'y chasse point.

FRANÇOISE.

Que fait-il donc?

JUST.

Il traîne la brouette.

FRANÇOISE.

La brouette?

JUST.

Rien que pour trois ans. Il trama un petit complot dans la campagnie du major et voulut faire déserter six hommes...

FRANÇOISE.

J'en suis toute saisie; le coquin!

JUST.

Oh, c'est un rude homme! Un piqueur qui à cinquante milles à la ronde vous connaît tous les sentiers, tous les passages dans les bois et les marécages. Et quel bon tireur!

FRANÇOISE.

Heureusement que le major a encore son brave cocher!

JUST.

Est-ce qu'il l'a encore?

FRANÇOISE.

Ne m'avez-vous pas dit que Martin était allé faire un tour à cheval! Il va revenir, je pense.

JUST.

Croyez-vous?

FRANÇOISE.

Où est-il donc allé?

JUST.

Il va y avoir dix semaines qu'il est parti avec

l'unique et dernier cheval du major... à la baignade.

FRANÇOISE.

Et il n'est pas encore de retour! Oh le pendard!

JUST.

Il est possible que ce brave cocher se soit noyé à la baignade!... C'était un bien bon cocher. Il avait pratiqué dix ans à Vienne. Mon maître n'en trouvera plus un pareil. Quand les chevaux couraient au grand galop, il n'avait qu'à faire brou! et ses chevaux s'arrêtaient court, immobiles comme des murs. De plus, c'était un excellent vétérinaire!

FRANÇOISE.

Maintenant je crains fort pour l'avancement du courrier.

JUST.

Non, non, c'est l'exacte vérité. Il est devenu tambour dans un régiment de dépôt.

FRANÇOISE.

C'est ce que je me disais.

JUST.

Fritz s'était acoquiné à une créature perdue, ne rentrait jamais la nuit, contractait partout des dettes au nom de mon maître et faisait les cent coups. Bref le major vit qu'il voulait à toute force monter plus haut (*indiquant la pendaison par un geste*), et le mit en bon chemin.

FRANÇOISE.

Oh le drôle!

JUST.

Mais parfait courrier, la chose est sûre. Quand notre maître lui donnait une avance de cinquante pas, il ne pouvait pas le rattraper avec son meilleur cheval. Fritz, par contre, peut donner une avance de mille pas à la potence, je parierais ma vie qu'il la rattrapera. Ils étaient tous vos bons amis, n'est-ce pas, mademoiselle? Guillaume, Philippe, Martin et Fritz... Quant à Just, il vous salue! (*Il sort.*)

## SCÈNE III

FRANÇOISE, PUIS L'HÔTELIER.

FRANÇOISE *le suit d'un regard pensif.*

Je mérite ce coup de dent... Merci, Just. Je rabaissais trop l'honnêteté. Je n'oublierai pas la leçon... Ah!... l'infortuné major! (*Elle se retourne pour se diriger vers la chambre de Minna. L'hôtelier entre.*)

L'HÔTELIER.

Attendez donc, ma belle enfant.

FRANÇOISE.

Je n'ai pas le temps, monsieur l'hôtelier.

L'HÔTELIER

Rien qu'un tout petit moment!... Point d'autres nouvelles de monsieur le major? Ce n'étaient pas des adieux définitifs, impossible!

FRANÇOISE.

Quoi donc?

L'HÔTELIER.

Mademoiselle de Barnhelm ne vous l'a pas raconté?... Lorsque je vous laissai dans la cuisine, ma belle enfant, je revins par hasard ici dans la salle.

FRANÇOISE.

Par hasard, dans l'intention de vous mettre un peu aux écoutes.

L'HÔTELIER.

Hé, mon enfant pouvez-vous penser cela de moi? A un aubergiste rien ne sied plus mal que la curiosité... J'étais ici depuis un instant à peine, lorsque la porte de l'appartement s'ouvrit toute grande. Le major s'élança dehors, votre maîtresse à sa suite; tous deux dans une agitation, avec des regards, une attitude..., ces choses-là, il faut les voir. Elle le saisit; il se dégagea, elle le saisit de nouveau. Tellheim!... Mademoiselle, laissez-moi!.. Où allez-vous?... Il l'entraîna jusqu'à l'escalier. J'ai eu peur qu'il ne l'entraînât jusqu'en bas. Mais il réussit à se dégager. Mademoiselle de Barnhelm resta debout sur le palier, le suivit des yeux, l'appela, se tordit les mains. Soudain elle se retourna, courut à la fenêtre, de la fenêtre à l'escalier, de l'escalier dans la salle, de ci de là. Je restais là, immobile; elle passa trois fois devant moi, sans me voir. Enfin, elle parut remarquer ma présence; mais, grand Dieu! je crois que mademoiselle me prenait pour vous, mon enfant. « Françoise. » s'écria-t-elle, les yeux fixés sur moi, « suis-je heureuse à présent? » Puis elle fixa le plafond et répéta : « suis-je heureuse à présent? » Là-dessus, elle s'essuya les yeux et sourit en me demandant encore : « Françoise, suis-je heureuse à présent?... » En vérité, je ne savais pas où j'en étais. Enfin elle courut à sa porte, se retourna encore vers moi : « Viens donc, Françoise. Qui plains-tu maintenant?... » Et elle rentra.

FRANÇOISE.

Oh, monsieur l'hôtelier, vous avez rêvé.

L'HÔTELIER.

Rêvé? Non, ma belle enfant, on ne rêve pas avec des détails si précis... Oui, je donnerais je ne sais quoi... je ne suis pas curieux... mais je donnerais je ne sais combien pour en avoir la clef.

FRANÇOISE.

La clef? de notre chambre, monsieur l'hôtelier? Elle est en dedans; nous l'y avons mise, pour la nuit; nous sommes peureuses.

L'HÔTELIER.

Je ne parle pas de cette clef-là; je veux dire, ma belle enfant, la clef, l'explication; la vraie corrélation de ce que j'ai vu.

FRANÇOISE.

Ah oui!... Eh bien, adieu, monsieur l'hôtelier. Allons-nous bientôt dîner, monsieur l'hôtelier?

L'HÔTELIER.

Ma belle enfant, n'oublions pas, je venais vous dire —

FRANÇOISE.

Quoi? mais soyez bref.

L'HÔTELIER.

Mademoiselle de Barnhelm a encore ma bague; je dis ma bague.

FRANÇOISE.

Elle n'est pas perdue pour vous.

L'HÔTELIER.

Je n'en suis pas inquiet; je ne veux que rappeler le fait. Voyez-vous, je ne tiens pas à la ravoir. Je sais sur le bout du doigt pourquoi votre maîtresse connaît la bague, et pourquoi la bague ressemble tant à la sienne. Elle ne saurait être en meilleures mains. Je ne la veux plus du tout, et vais mettre sur le compte de votre noble demoiselle les cent pistoles que j'ai prêtées sur ce gage. Ne m'approuvez-vous pas, ma belle enfant?

## SCÈNE IV

PAUL WERNER, L'HÔTELIER, FRANÇOISE.

WERNER.

Le voilà!

FRANÇOISE.

Cent pistoles? Je croyais que cela se bornait à quatre-vingts.

L'HÔTELIER.

C'est vrai, rien que quatre-vingt-dix, rien que quatre-vingt-dix, je vais le faire, ma belle enfant, je vais le faire.

FRANÇOISE.

Tout cela se trouvera, monsieur l'hôtelier.

WERNER *se rapproche et frappe soudain sur l'épaule de Françoise.*

Ma petite dame! ma petite dame!

FRANÇOISE, *effrayée.*

Hé!

WERNER.

N'ayez pas peur... Ma petite dame, je vois que vous êtes charmante, et probablement étrangère ici... et les belles étrangères, il faut les prévenir.. ma petite dame, méfiez-vous de cet homme! (*Il montre l'hôtelier*).

L'HÔTELIER.

Ah, plaisir imprévu! Monsieur Paul Werner! Soyez le bienvenu, soyez le bienvenu chez nous!. Vous êtes bien toujours le gai, le plaisant, et l'honnête Werner!... Méfiez-vous de moi, ma belle enfant! Ha, ha, ha!

WERNER.

Évitez de vous trouver sur son chemin!

L'HÔTELIER.

Sur mon chemin! Sur mon chemin! Suis-je donc si dangereux?... Ha, ha, ha!... Écoutez donc, ma belle enfant! Comment trouvez-vous la plaisanterie?

WERNER.

Vos pareils affectent toujours de prendre pour des plaisanteries les vérités qu'on leur dit.

L'HÔTELIER.

Les vérités! ha, ha, ha!... Pas vrai, ma belle enfant, c'est de mieux en mieux! Notre homme s'entend à rire! Moi, dangereux?... moi? Il y a quelque vingt ans, la chose eût été plausible. Oui, oui, ma belle enfant, à cette époque-là j'étais dangereux; plus d'une en pouvait dire son mot; mais aujourd'hui....

WERNER.

Oh le vieux fou!

L'HÔTELIER.

Voilà le hic! Avec l'âge, nous devenons inoffensifs. Il vous en arrivera tout autant, monsieur Werner!

WERNER.

La peste du fou fieffé!... Ma petite dame, vous me supposez bien assez d'intelligence pour ne pas parler de ce danger-là. Ce démon l'a quitté, mais sept autres se sont nichés en lui.

L'HÔTELIER.

Oh écoutez donc, écoutez donc! Voyez comment il sait tourner cela!... Des plaisanteries coup sur coup, et toujours du neuf! Oh c'est un homme remarquable, que ce monsieur Paul Werner!... (*A Françoise, à l'oreille, de manière à être entendu de Werner*). Un homme cossu, encore célibataire. Il a à trois milles d'ici un beau franc-alleu. Il a fait sa pelote pendant la guerre!... Il a été vaguemestre chez notre major. C'est un grand ami de notre major! Un ami à se faire assommer pour lui!

WERNER.

Oui! et ça, c'est un grand ami de mon major! un ami... que le major devrait faire assommer.

L'HÔTELIER.

Comment? quoi?... Non, monsieur Werner, cette plaisanterie est mauvaise... Moi, pas ami de monsieur le major?... Non, cette plaisanterie, je ne la comprends point.

WERNER.

Just m'en a raconté de belles.

L'HÔTELIER.

Just? Je me disais bien que Just parlait par votre bouche. Just est un être méchant et désagréable. Mais voici devant vous une belle enfant, qui peut parler; qu'elle dise si je ne suis pas ami de monsieur le major? si je ne lui ai pas rendu de services? Et pourquoi ne l'aimerais-je pas? N'est-ce pas un homme de mérite? Sans doute il a eu le malheur d'être remercié; mais qu'est-ce que cela fait? Le roi ne saurait connaître tous les hommes de mérite; et quand même il les connaîtrait tous, il ne peut pas tous les récompenser.

WERNER.

C'est Dieu qui vous inspire ces paroles! — Mais Just — à vrai dire, Just n'est pas non plus grand chose de bien distingué; mais Just n'est pas menteur, et si ce qu'il m'a dit était vrai...

L'HÔTELIER.

Je ne veux rien entendre de Just! Comme je l'ai dit, que cette belle enfant parle! (*A elle à l'oreille.*) Vous savez, mon enfant, la bague! — Racontez donc la chose à monsieur Werner. Il aura meilleure opinion de moi. Et pour que vos paroles n'aient pas l'air d'être dites par obligeance pour moi, je n'assisterai pas à l'entretien. Je ne veux pas y être; je vais m'en aller; mais vous me le direz à votre tour, monsieur Werner, vous me direz à votre tour, si Just n'est pas un infâme calomniateur. (*Il sort.*)

## SCÈNE V

PAUL WERNER, FRANÇOISE

WERNER.

Ma petite dame, connaissez-vous donc mon major ?

FRANÇOISE.

Le major de Tellheim? Certes, je le connais, cet homme d'honneur.

WERNER.

N'est-ce pas un brave homme? Lui voulez-vous du bien ?

FRANÇOISE.

Du fond du cœur.

WERNER.

Vraiment? Voyez-vous, ma petite, maintenant je vous trouve deux fois plus jolie qu'avant. — Mais qu'est-ce que c'est donc, ces services que l'aubergiste prétend avoir rendus à notre major ?

FRANÇOISE.

Je n'en sais rien, à moins qu'il ne veuille s'attribuer le bien qui, par bonheur, est résulté de ses malhonnêtes procédés.

WERNER.

C'est donc vrai, ce que m'a dit Just? — (*Du côté par où l'aubergiste est sorti.*) Tu as de la chance d'être parti — Il lui a vraiment pris son appartement? — Jouer un tel tour à un tel homme, parce que que cet âne bâté s'est imaginé que son hôte n'avait plus d'argent! Le major, pas d'argent !

FRANÇOISE.

Ah? Le major a-t-il de l'argent?

WERNER.

A foison! Il ne sait pas combien il en a. Il ne connaît pas ses débiteurs. J'en suis moi-même, et je lui apporte un vieux reliquat. Voyez-vous, ma petite; ici, dans cette bourse (*il en tire une de sa poche*), se trouvent cent louis d'or; et dans ce rouleau (*il le tire de l'autre poche*), cent ducats. Tout cela lui appartient.

FRANÇOISE.

Vraiment? Mais pourquoi le major met-il ses bijoux en gage? Une bague par exemple.

WERNER.

Il l'a mise en gage? Ne croyez pas cela. Peut-être aura-t-il voulu se défaire de cette bagatelle.

FRANÇOISE.

Ce n'est pas une bagatelle! c'est une bague très précieuse, et qu'il tient même d'une main chérie.

WERNER.

Voilà. D'une main chérie! oui! oui! Ces objets-là, vous rappellent parfois des souvenirs désagréables. Aussi s'en débarrasse-t-on pour ne plus les voir.

FRANÇOISE.

Comment?

WERNER.

Il arrive au soldat pendant les quartiers d'hiver des choses surprenantes. Il n'a rien à faire, il se repose; le désœuvrement et l'ennui lui font contracter des liaisons qu'il compte rompre après l'hiver; mais la bonne âme avec laquelle il fait connaissance se croit liée pour la vie. Preste, on lui glisse une bague mignonne au doigt; il ne sait pas même comment lui vient ce bijou. Et bien souvent il serait bien aise de donner la bague — et le doigt, pour ravoir sa liberté.

FRANÇOISE.

Ah! Le major se serait-il trouvé dans le même cas?

WERNER.

Bien sûr. En Saxe surtout; s'il avait eu dix doigts à chaque main, tous les doigts eussent été couverts de bagues.

FRANÇOISE (*à part*).

Voilà qui est louche et demande une enquête. — Monsieur le sénéchal, ou monsieur le vaguemestre [1] —

WERNER.

Ma petite, si cela vous est égal, je préfère m'entendre nommer monsieur le vaguemestre.

FRANÇOISE.

Eh bien, monsieur le vaguemestre, j'ai là un billet de monsieur le major à ma maîtresse. Je vais vite le porter et vous rejoins à l'instant. Voulez-vous avoir la bonté de m'attendre ici un petit moment? J'aurais grand plaisir à continuer la causette avec vous.

1. *Sénéchal* traduit fort mal *Freischulze*, qui désigne le propriétaire d'allodiaux, avec droit de basse justice. *Franc-juge*, littéral, serait un non-sens.

WERNER.

Vous aimez la causerie, ma petite? Soit; allez, je bavarde moi-même avec plaisir; j'attendrai.

FRANÇOISE.

Oh oui, attendez-moi! (*Elle sort*).

## SCÈNE VI

PAUL WERNER.

Elle n'est pas mal, cette petite femme! — mais je n'aurais pourtant pas dû lui promettre de l'attendre. — Car le plus important pour moi serait de rechercher le major. — Il ne veut pas de mon argent, et préfère mettre ses bijoux en gage? — Je le reconnais bien là. — Quelle idée! — Il y a quinze jours, étant à la ville, j'allai voir la veuve du capitaine Marloff. La pauvre femme était au lit, malade, et se désolait de ce que son mari fût resté devoir au major quatre cents thalers qu'elle ne savait comment payer. Je voulais aller la revoir aujourd'hui; — je voulais lui dire que, quand j'aurais touché le prix de ma propriété, je pourrais lui prêter cinq cents écus. — Car il faut bien que j'en mette quelques sous en lieu sûr, si çà ne marche pas en Perse. — Mais elle avait gagné le large. Et bien certainement elle n'aura pas pu payer le major. Oui, voilà ce que je vais faire, et le plus tôt sera le mieux. — La petite femme ne m'en voudra pas; je ne puis pas attendre. (*Il part préoccupé et manque heurter le major qui entre.*)

## SCÈNE VII

DE TELLHEIM, PAUL WERNER.

DE TELLHEIM.

Tellement préoccupé, Verner?

WERNER.

Ah, vous voici; j'allais chez vous, dans votre nouveau quartier, monsieur le major.

DE TELLHEIM.

Pour me rompre les oreilles de vos imprécations contre mon propriétaire d'avant! Ne m'en parle plus.

WERNER.

Je l'aurais fait incidemment, oui. Mais en réalité je ne voulais que vous remercier d'avoir eu la bonté de garder mes cent louis d'or en dépôt. Just me les a rendus. Je serais sans doute enchanté que vous pussiez me les garder plus longtemps encore. Mais vous avez pris un nouvel appartement que ni vous, ni moi ne connaissons. Qui sait ce que c'est. On pourrait vous les y voler, et vous seriez obligé de me les remplacer; il n'y aurait point de remède à cela. Je ne puis donc pas vous le proposer.

DE TELLHEIM *souriant.*

Depuis quand es-tu si prudent, Werner?

WERNER.

On apprend à le devenir : on ne saurait aujourd'hui être trop sur ses gardes avec son argent. — Et puis, j'avais encore une commission à vous faire, monsieur le major; de la part de madame

Marloff; je viens de chez elle. Son mari vous est resté devoir quatre cents thalers; elle vous envoie en à compte les cent ducats que voici. Le reste, elle l'enverra la semaine prochaine. Je suis probablement cause qu'elle n'envoie pas la somme entière. Car elle me devait aussi près de quatre-vingts écus; et parce qu'elle se dit que j'étais venu pour le lui rappeler — c'était vrai du reste; — elle me les donna en les prenant dans le rouleau qu'elle avait préparé pour vous. — D'ailleurs il vous est plus facile à vous d'attendre une huitaine de jours vos cent écus qu'à moi mes quelques décimes, — Mais prenez donc! (*Il lui tend le rouleau de ducats.*)

DE TELLHEIM

Werner!

WERNER.

Eh bien? Pourquoi me regardez-vous si fixement? — Prenez donc, monsieur le major! —

DE TELLHEIM.

Werner!

WERNER.

Qu'est-ce que vous avez? Pourquoi vous fâchez-vous?

DE TELLHEIM.

(*D'un ton amer, en se frappant le front et en tapant du pied.*) Parce que la somme n'est pas complète!

WERNER.

Mais, mais, monsieur le major! Vous ne m'avez donc pas compris?

DE TELLHEIM.

C'est précisément parce que je t'ai compris! —

Que ce soient les plus braves gens qui me tourmentent aujourd'hui !

WERNER.

Que dites-vous?

DE TELLHEIM.

Tu es de moitié seulement! — Werner! (*Il repousse la main de Werner qui lui présente toujours ses ducats.*)

WERNER.

Dès que je serai débarrassé de cela!

DE TELLHEIM.

Werner, si je te disais que madame Marloff a été en personne chez moi aujourd'hui, de très bon matin?

WERNER.

Ah?

DE TELLHEIM.

Qu'elle ne me doit plus rien? —

WERNER.

En vérité?

DE TELLHEIM.

Qu'elle m'a remboursé jusqu'au dernier centime; qu'en dirais-tu?

WERNER.

(*Réfléchissant un instant.*) Je dirais que j'ai menti, et que le mensonge est une sottise, parce qu'on peut se faire prendre en flagrant délit.

DE TELLHEIM.

En rougiras-tu?

WERNER.

Mais celui qui m'oblige à mentir de la sorte, que devrait-il faire? Ne devrait-il pas rougir aussi, lui? Allez, monsieur le major, si je disais que votre manière d'agir ne me vexe pas, je ferais un nouveau mensonge et je ne veux plus mentir.

DE TELLHEIM.

Ne te fâche pas, Werner! Je rends justice à ton cœur et à ton affection pour moi. Mais je n'ai pas besoin de ton argent.

WERNER.

Vous n'en avez pas besoin? Vous préférez vendre, vous préférez mettre en gage, vous préférez faire jaser les gens sur votre compte?

DE TELLHEIM.

Les gens sauront que je ne possède plus rien. Il ne faut pas vouloir paraître plus riche qu'on ne l'est.

WERNER.

Mais pourquoi vouloir paraître plus pauvre? — Nous sommes riches, tant que notre ami a de quoi.

DE TELLHEIM.

Il ne convient point que je sois ton débiteur.

WERNER.

Cela ne convient point? — Quand par une chaude journée, que le soleil et l'ennemi nous faisaient chaude, votre palefrenier se fut égaré avec les cantines et que vous vintes à moi en disant : Werner, n'as-tu rien à boire? et que je vous tendis mon bidon, n'est-ce pas, vous avez accepté, vous avez bu? Est-ce que cela convenait? — Sur ma pauvre âme, une gorgée d'eau saumâtre valait alors souvent plus que toute cette ordure! *(Il tire aussi de sa poche la bourse aux louis d'or et lui tend les deux.)* Prenez, mon cher major! Imaginez-vous que c'est de l'eau. Dieu n'a-t-il pas aussi créé l'argent pour tout le monde?

DE TELLHEIM.

Tu me tortures; tu entends bien que je ne veux pas être ton débiteur.

WERNER.

D'abord, cela ne convenait pas; maintenant vous ne voulez pas. Oui, c'est autre chose. *(D'un ton un peu vexé.)* Vous ne voulez pas être mon débiteur? Mais si vous l'étiez déjà, monsieur le major? Ne devez-vous rien à l'homme qui détourna une fois le coup destiné à vous fendre la tête, et qui, une autre fois, abattit le bras prêt à tirer et à vous transpercer la poitrine d'une balle? — Est-ce que votre dette à l'égard de cet homme peut grossir? Ou bien ma tête serait-elle de moindre conséquence que ma bourse? — Si c'est là penser fièrement, sur ma pauvre âme, c'est aussi penser fort absurdement.

DE TELLHEIM.

A qui parles-tu de la sorte, Werner? Nous sommes seuls; maintenant je puis le dire; si un tiers nous entendait, ce serait de la fanfaronnade. Je reconnais avec plaisir que je te dois deux fois la vie. Mais, mon ami, qu'est-ce qui m'aurait empêché d'en faire, à l'occasion, autant pour toi? Hein!

WERNER.

Il ne vous a manqué que l'occasion! Qui en a douté, monsieur le major? Ne vous ai-je pas vu mille fois risquer votre vie pour un simple soldat, quand il était accablé par le nombre?

DE TELLHEIM.

Eh bien alors?

WERNER.

Mais!

DE TELLHEIM.

Pourquoi me comprends-tu mal? Je dis; il ne convient pas que je sois ton débiteur; je ne veux pas être ton débiteur. C'est-à-dire dans les circonstances où je me trouve actuellement.

WERNER.

Ah, ah! Vous voulez attendre un meilleur moment; vous m'emprunterez de l'argent une autre fois, quand vous n'en aurez pas besoin; quand vous en aurez vous-même, quand j'en manquerai peut-être, moi.

DE TELLHEIM.

Il ne faut rien emprunter, lorsqu'on ignore si l'on rendra.

WERNER.

A un homme comme vous l'argent ne peut pas toujours faire défaut.

DE TELLHEIM.

Tu connais le monde! En tout cas il ne faut pas s'adresser, pour un emprunt, à un homme qui a lui-même besoin de son argent.

WERNER.

Oh oui, je suis un de ces hommes-là! Pourquoi en aurais-je donc besoin? — Là où il faut un vaguemestre, on lui donne aussi de quoi vivre.

DE TELLHEIM.

Tu en as besoin pour monter en grade; pour avancer dans ta carrière, où même le plus méritant peut, sans argent, rester en arrière.

WERNER.

Monter en grade? Je n'y pense pas. Je suis un bon vaguemestre et il me serait aisé de devenir mauvais capitaine et sûrement encore un pire général. Je le sais par expérience.

DE TELLHEIM.

Ne m'oblige pas à concevoir une mauvaise opinion de toi, Werner! J'ai appris avec déplaisir ce que Just m'a dit. Tu as vendu ta propriété et tu veux de nouveau courir le monde. Ne me fais pas croire que tu aimes, non pas tant le métier, mais la vie irrégulière qui, malheureusement, en est la suite. Il faut être soldat pour son pays ou par amour pour la cause que l'on défend. Servir indifféremment tantôt ici, tantôt là, c'est voyager en garçon boucher, et rien de plus.

WERNER.

Soit, monsieur le major, je vous obéirai. Vous savez mieux que moi ce qui sied. Je resterai auprès de vous. — Mais, mon cher major, prenez toujours mon argent. Aujourd'hui ou demain votre affaire sera terminée. Vous recevrez de l'argent à foison. Vous me le rendrez avec intérêts. Je ne le fais que pour les intérêts.

DE TELLHEIM.

Silence sur ce chapitre!

WERNER.

Par ma pauvre âme : je ne le fais que pour les

intérêts. Souvent je me suis dit; que deviendras-tu avec l'âge? Quand tu seras fourbu? Quand tu n'auras pas le sou? Quand tu seras réduit à la mendicité? Alors je me répondais en moi-même : Non, tu ne mendieras pas, tu iras trouver le major de Tellheim qui partagera jusqu'à son dernier sou avec toi; qui te gavera à mort, chez qui tu pourras mourir en honnête homme.

DE TELLHEIM, *saisissant la main de Werner.*

Et camarade, tu n'as plus cette pensée?

WERNER.

Non, je ne l'ai plus. — L'homme qui n'accepte rien de moi quand il en a besoin et que j'ai de quoi, celui-là ne me donnera rien non plus, quand il sera riche et moi besoigneux. — C'est dit! (*Il veut sortir.*)

DE TELLHEIM.

Diable d'homme, j'enrage! Où vas-tu? (*Il le retient.*) Si je te certifie sur mon honneur que j'ai encore de l'argent; si je te promets sur mon honneur que je te préviendrai quand je n'en aurai plus; que tu seras le premier et le seul à qui j'en emprunterai — seras-tu satisfait?

WERNER.

Ne le faut-il pas? — Votre main, monsieur le major.

DE TELLHEIM.

La voici, Paul! — Assez sur ce sujet. Je suis venu ici pour parler à une jeune fille.

## SCÈNE VIII

FRANÇOISE *sort de la chambre de Minna,*
DE TELLHEIM, PAUL WERNER.

FRANÇOISE, *sur la porte.*

Êtes-vous encore là, monsieur le vaguemestre? — (*Apercevant Tellheim.*) Et vous êtes là aussi, monsieur le major? — Un instant, je suis à vos ordres. (*Elle rentre vite dans la chambre.*)

## SCÈNE IX

DE TELLHEIM, PAUL WERNER.

DE TELLHEIM.

Cette jeune fille, c'est elle! — Mais, à ce que j'entends, tu la connais, Werner?

WERNER.

Oui, je connais la petite. —

DE TELLHEIM.

Pourtant, si j'ai bonne souvenance, quand je passai l'hiver en Thuringe, tu n'étais pas avec moi?

WERNER.

Non, je m'occupais des effets d'équipement, à Leipzig.

DE TELLHEIM.

Mais alors d'où la connais-tu?

WERNER.

Notre amitié vient de naître. Elle date d'aujourd'hui. Mais une jeune amitié est ardente.

DE TELLHEIM.

Tu as probablement aussi déjà vu sa noble dame ?

WERNER.

Est-ce que sa dame est noble? Elle m'a dit que vous connaissiez sa maîtresse.

DE TELLHEIM.

Tu n'entends pas? Je l'ai connue en Thuringe.

WERNER.

Cette dame est-t-elle jeune?

DE TELLHEIM.

Oui.

WERNER.

Belle?

DE TELLHEIM.

Très belle.

WERNER.

Riche?

DE TELLHEIM.

Très riche.

WERNER.

Est-ce que la dame a autant d'affection pour vous que la servante? Ce serait parfait!

DE TELLHEIM.

Que veux-tu dire?

## SCÈNE X

FRANÇOISE *revient, une lettre à la main,*
DE TELLHEIM, PAUL WERNER.

FRANÇOISE.

Monsieur le major...

DE TELLHEIM.

Chère Françoise, je ne t'ai pas encore souhaité la bienvenue.

FRANÇOISE.

Vous l'aurez fait mentalement. Je sais que vous avez de l'affection pour moi. Moi, j'en ai aussi pour vous. Mais ce n'est pas gentil du tout d'inquiéter ainsi des gens qui vous affectionnent.

WERNER, *à part.*

Ah! compris. C'est chose faite!

DE TELLHEIM.

C'est mon sort, Françoise! — As-tu remis la lettre?

FRANÇOISE.

Oui, et voici, je vous rapporte — (*Elle lui présente la lettre.*)

DE TELLHEIM.

Une réponse?

FRANÇOISE.

Non, votre propre lettre.

DE TELLHEIM.

Quoi? Elle ne veut pas la lire?

FRANÇOISE.

Elle voudrait bien — mais nous ne savons pas bien lire les manuscrits.

DE TELLHEIM.

Moqueuse!

FRANÇOISE.

Et nous pensons que la correspondance n'a pas été inventée pour les gens qui peuvent s'entretenir de vive voix, quand il leur plaît.

DE TELLHEIM.

Quel faux-fuyant! Il faut qu'elle la lise. Elle contient ma justification, — tous les motifs, toutes les raisons de ma conduite.

FRANÇOISE.

Mademoiselle veut les entendre de votre bouche, et non les lire.

DE TELLHEIM.

De ma bouche? Pour que chaque mot d'elle, le moindre jeu de sa physionomie me trouble? Pour qu'à chacun de ses regards je ressente toute la grandeur de ma perte?

FRANÇOISE.

Sans pitié!... Prenez! (*Elle lui donne la lettre.*) Elle vous attend à trois heures. Elle veut sortir en voiture et voir la ville. Vous devez l'accompagner.

DE TELLHEIM.

L'accompagner?

FRANÇOISE.

Et que me donnerez-vous, si je vous laisse partir seuls? Je resterai à la maison.

DE TELLHEIM.

Tout seuls?

FRANÇOISE.

Dans une belle voiture fermée.

DE TELLHEIM.

Impossible!

FRANÇOISE.

Oui, oui, c'est dans la voiture que vous subirez la question! là vous ne pourrez pas vous sauver. Voilà pourquoi on le fait. — Bref, vous viendrez, monsieur le major, et à trois heures précises. — Et puis? ne vouliez-vous pas avoir avec moi un entretien particulier? Qu'avez-vous donc à me dire? — Ah oui, nous ne sommes pas seuls. (*Elle regarde Werner.*)

DE TELLHEIM.

Si, Françoise, nous sommes seuls. Mais du moment que mademoiselle de Barnhelm n'a pas lu ma lettre, je n'ai encore rien à te dire.

FRANÇOISE.

Ainsi nous sommes seuls quand même? vous n'avez point de secrets pour le vaguemestre?

DE TELLHEIM.

Non, point.

FRANÇOISE.

Pourtant il me semble que vous devriez en avoir quelques-uns pour lui.

DE TELLHEIM.

Comment cela?

WERNER.

Pourquoi cela, ma petite dame?

FRANÇOISE.

Surtout des secrets d'un certain genre. — Tous les vingt, monsieur le vaguemestre? (*Elle lève les deux mains en écartant les doigts.*)

WERNER.

Chut! chut! ma petite.

DE TELLHEIM.

Qu'est-ce que cela signifie?

FRANÇOISE.

Preste elle est au doigt, monsieur le vaguemestre? (*Elle fait le geste de glisser rapidement une bague à son doigt.*)

DE TELLHEIM.

Qu'avez-vous?

WERNER.

Ma petite! Vous entendez bien la plaisanterie!

DE TELLHEIM.

Werner, aurais-tu oublié ce que je t'ai dit souvent, que sur un certain point il ne fallait jamais plaisanter avec les femmes?

WERNER.

Sur ma pauvre âme, je puis l'avoir oublié! Ma petite dame, je vous en prie.

FRANÇOISE.

Eh bien, du moment que c'était une plaisanterie, je vous le pardonnerai pour cette fois.

DE TELLHEIM.

Puisqu'il faut absolument que je vienne, Françoise, fais au moins que ta maîtresse lise encore cette lettre auparavant. Cela m'épargnera la torture de penser encore une fois, de dire encore une fois des choses que j'aimerais tant à oublier. Tiens, donne-la lui. (*En retournant la lettre pour la remettre, il remarque qu'elle a été ouverte.*) Mais en croirai-je mes yeux? Françoise, la lettre a été ouverte.

FRANÇOISE.

C'est bien possible. (*Elle l'examine.*) En effet, elle est ouverte; qui a bien pu briser le sceau? Mais certainement nous ne l'avons pas lue, monsieur le major, certainement non. Nous ne tenons pas à la lire non plus, car celui qui l'a écrite viendra en personne. Ne manquez pas de venir; et, un conseil, monsieur le major? Ne venez pas, tel que vous voilà, botté, mal coiffé. Vous êtes excusable, vous n'avez pu vous attendre à notre présence. Mettez des bottines, et faites-vous coiffer à nouveau. Comme çà, vous m'avez l'air trop militaire, trop prussien !

DE TELLHEIM.

Je te remercie, Françoise.

FRANÇOISE.

On dirait, à vous voir, que vous avez campé la nuit dernière.

DE TELLHEIM.

Tu pourrais avoir deviné.

FRANÇOISE.

Nous également, nous allons faire toilette tout de suite, et puis nous nous mettrons à table. Nous vous garderions volontiers à dîner, mais votre présence pourrait nous gêner pour manger; et, voyez-vous, nous ne sommes pas encore assez éprise pour n'avoir pas faim.

DE TELLHEIM.

Je pars! Françoise, prépare-la un peu en attendant, afin que je ne devienne indigne, ni à ses yeux ni aux miens. — Viens, Werner, tu dîneras avec moi.

WERNER.

A la table d'hôte, ici, dans cette maison? Je ne pourrai pas avaler une bouchée.

DE TELLHEIM.

Chez moi, dans ma chambre.

WERNER.

Alors, je vous suis à l'instant. Je n'ai plus qu'un mot à dire à mademoiselle Françoise.

DE TELLHEIM.

Voilà qui me plaît assez! (*Il sort.*)

## SCÈNE XI

FRANÇOISE, WERNER.

FRANÇOISE.

Eh bien, monsieur le vaguemestre?

WERNER.

Ma petite amie, quand je reviendrai, dois-je aussi être mieux mis?

FRANÇOISE.

Venez, comme vous voudrez, monsieur le vaguemestre; je ne vous verrai point de mauvais œil. Mais il faudra que mes oreilles soient plus sur leur garde avec vous. — Vingt doigts, tous couverts de bagues! Eh, eh, vaguemestre!

WERNER.

Non, ma petite amie, c'est précisément ce que je voulais vous dire encore : c'était une simple plaisanterie et rien autre chose. On a bien assez d'une seule bague. Et j'ai entendu plus de mille fois le major nous dire : c'est un coquin le soldat capable de tromper une jeune fille. — C'est aussi ma façon de penser, ma petite amie. Croyez-le bien! — Il faut que je me hâte de le rejoindre. — Bon appétit, ma petite amie! (*Il sort.*)

FRANÇOISE.

Pareillement, monsieur le vaguemestre. — Je crois que cet homme me plaît. (*Elle veut sortir, Minna entre.*)

## SCÈNE XII

MINNA, FRANÇOISE.

MINNA.

Le major est déjà reparti ? — Françoise, je crois être à présent assez calme, j'aurais pu le garder ici.

FRANÇOISE.

Moi je vais vous tranquilliser plus encore.

MINNA.

Tant mieux ! Sa lettre ! Oh sa lettre ! Chaque ligne disait l'honneur, la noblesse de l'homme. Chaque refus de me posséder m'affirmait son amour. — Il a bien dû remarquer que nous avons lu sa lettre. — Qu'importe, pourvu qu'il vienne. Il viendra ? c'est sûr ? — Il n'y a qu'un peu trop d'orgueil dans sa conduite, à ce qu'il me semble, Françoise. Car, ne pas consentir à devoir son bonheur à celle qu'on aime, c'est de l'orgueil, un orgueil impardonnable ! S'il me le fait trop sentir, Françoise —

FRANÇOISE.

Vous renoncerez à lui ?

MINNA.

Eh, voyez donc ! Tu le plains de nouveau ? Non, chère folle, pour un seul défaut on ne renonce pas à un mari. Mais il m'est venu une niche à l'esprit, je veux le tourmenter un peu à cause de cet orgueil par un orgueil semblable.

FRANÇOISE.

Oh ! alors, vous voilà parfaitement tranquillisée,

du moment que vous préparez des farces aux gens.

MINNA.

Oui, je le suis; viens, viens. Tu auras ton rôle à jouer dans la pièce. (*Elles sortent.*)

# ACTE IV

La scène se passe dans la chambre de Minna.

---

## SCÈNE I

MINNA, *en grande toilette, habillée richement, et avec goût.* FRANÇOISE. *Elles quittent la table qu'un domestique dessert.*

FRANÇOISE.

Il est impossible que vous soyez rassasiée, mademoiselle.

MINNA.

Tu crois, Françoise? Peut-être n'avais-je pas faim en me mettant à table.

FRANÇOISE.

Nous étions convenues que nous ne parlerions pas de lui pendant le repas. Mais nous aurions dû aussi nous promettre de ne pas penser à lui.

MINNA.

C'est vrai, je n'ai fait que penser à lui.

FRANÇOISE.

Je l'ai bien vu. Je parlais de choses et d'autres, et vous me répondiez chaque fois de travers. (*Un autre domestique sert le café.)* Voici venir un aliment plus propice aux chimères. Le cher café, père de la mélancolie!

MINNA.

Des chimères? Je ne m'en fais point. Je pense uniquement à la leçon que je me propose de lui donner. M'as-tu bien comprise, Françoise?

FRANÇOISE.

Oh oui ; le mieux serait cependant qu'il nous en dispensât.

MINNA.

Tu verras que je le connais à fond. Cet homme qui me refuse en ce moment avec toutes mes richesses, me disputera au monde entier, dès qu'il aura appris que je suis malheureuse et délaissée.

FRANÇOISE, *très sérieuse.*

Et cela chatouillera infiniment le plus délicat amour-propre.

MINNA.

Moraliste! Voyez donc, il y a un instant elle me gourmandait sur ma vanité, maintenant sur mon amour-propre. — Bah, laisse-moi faire, mon amie Françoise. Tu pourras faire également de ton vaguemestre ce que tu voudras.

FRANÇOISE.

De mon vaguemestre?

MINNA.

Oui, tu nies, donc c'est vrai. — Je ne l'ai pas encore vu, mais d'après tout ce que tu m'as dit à son sujet, je te prédis qu'il sera ton mari.

## SCÈNE II

RICCAUT DE LA MARLINIÈRE,
MINNA, FRANÇOISE.

RICCAUT, *encore dans la coulisse.*

*Est-il permis, monsieur le major?* [1]

FRANÇOISE.

Qu'est-ce que c'est, est-ce chez nous qu'on vient? (*Elle va vers la porte.*)

RICCAUT.

*Parbleu!* Je me trompe. *Mais non*, je ne me trompe pas... *C'est la chambre...*

FRANÇOISE.

Bien sûr, mademoiselle, ce monsieur croit encore trouver ici le major de Tellheim.

RICCAUT.

C'est çà... *Le major de Tellheim : juste, ma belle enfant, c'est lui que je cherche. Où est-il?*

FRANÇOISE.

Il n'habite plus ici.

RICCAUT.

*Comment?* Il logeait encore ici il y a vingt-quatre heures? Et il ne loge plus ici? Où loge-t-il donc?

MINNA *s'avance vers lui.*

Monsieur...

1. En lettres italiques tout ce qui est dit en français par ce personnage. La scène est très curieuse dans le texte. Lessing écorche l'allemand à dessein, et le français à son insu.

RICCAUT.

*Ah! madame... mademoiselle...* Votre Grâce me pardonnera...

MINNA.

Votre méprise, monsieur, est très pardonnable et votre surprise fort naturelle. Monsieur le major a eu la bonté de me céder sa chambre, à moi étrangère, qui ne savais où m'abriter.

RICCAUT.

*Ah! voilà de ses politesses! C'est un très galant homme que ce major!*

MINNA.

Où est-il allé... vraiment, j'en rougis, je ne le sais point.

RICCAUT.

Madame l'ignore? *C'est dommage; j'en suis fâché.*

MINNA.

J'aurais dû m'en informer. Ses amis viendront évidemment encore le chercher ici.

RICCAUT.

Je suis fort de ses amis, madame...

MINNA.

Françoise, ne le sais-tu pas?

FRANÇOISE.

Non, mademoiselle.

RICCAUT.

J'aurais à lui parler, pour affaire pressante. Je viens lui apporter une *nouvelle*, dont il sera fort aise.

MINNA.

Je le regrette d'autant plus... Toutefois j'espère

lui parler bientôt. Si cela ne fait rien qu'une bouche quelconque lui annonce cette bonne nouvelle, je m'offre à le faire, monsieur...

RICCAUT.

Je comprends... *Mademoiselle parle français? Mais sans doute, telle que je la vois! La demande était bien impolie; vous me pardonnerez, mademoiselle...*

MINNA.

Monsieur...

RICCAUT.

Non? Vous ne parlez pas français, madame?

MINNA.

Monsieur, en France j'essaierais de le parler, Mais pourquoi ici? J'entends que vous me comprenez, monsieur. Et moi, monsieur, je vous comprendrai certainement aussi; parlez la langue qu'il vous plaira.

RICCAUT.

Bien, bien! Je puis aussi m'expliquer en allemand. — *Sachez donc, mademoiselle,*... que Votre Grâce sache donc que je viens de dîner chez le ministre là dehors, — dans la Grande rue, — sur la Grande place?...

MINNA.

Je ne connais pas du tout la ville.

RICCAUT.

Eh bien, chez le ministre de la guerre... C'est là que j'ai dîné; — j'y dîne à l'*ordinaire;* on vint à parler du major Tellheim; *et le ministre m'a dit en confidence, car son Excellence est de mes amis, et il n'y a point de mystères entre nous* —

son Excellence, veux-je dire, m'a confié que l'affaire de notre major est sur le *point* de finir et de bien finir; qu'il avait fait un *Rapport* au roi, et que le roi avait conclu *tout à fait en faveur du major. Monsieur, m'a dit son Excellence, vous comprenez bien que tout dépend de la manière dont on fait envisager les choses au Roi, et vous me connaissez. Cela fait un très joli garçon que ce Tellheim, et ne sais-je pas que vous l'aimez? Les amis de mes amis sont aussi les miens. Il coûte un peu cher au Roi, ce Tellheim, mais est-ce que l'on sert les rois pour rien? Il faut s'entr'aider en ce monde; et quand il s'agit de pertes, que ce soit le roi qui en fasse, et non pas un honnête homme de nous autres. Voilà le principe dont je ne me dépars jamais.* — Qu'en dit Votre Grâce? N'est-ce pas que c'est un brave homme? *Ah, que son Excellence a le cœur bien placé!* Il m'a, *au reste*, assuré que si le major n'a pas encore reçu *une lettre de la main* — une lettre autographe du Roi, il en recevrait une aujourd'hui *infailliblement.*

MINNA.

Certainement, monsieur, cette nouvelle sera des plus agréables pour le major de Tellheim. Je voudrais seulement pouvoir en même temps lui dire le nom de l'ami qui prend tant de part à son bonheur...

RICCAUT.

Votre Grâce désire savoir mon nom? *Vous voyez en moi...* Votre Grâce voit en ma personne *le chevalier Riccaut de la Marlinière, seigneur de Pret-au-Val, de la branche de Prens d'Or...* Votre

Grâce est surprise d'apprendre que je suis d'une si grande, grande famille, *qui est véritablement du sang royal... Il faut le dire : je suis sans doute le cadet le plus aventureux que la maison a jamais eu...* Je suis au service depuis ma onzième année. Une *affaire d'honneur* me força à fuir. Puis j'ai servi Sa Sainteté le Pape, la république de Saint-Marin, la couronne de Pologne, et les États-Généraux, jusqu'à ce qu'enfin je vins ici. *Ah, mademoiselle, que je voudrais n'avoir jamais vu ce pays-là!* Si on m'avait laissé au service des États-Généraux, je serais au moins colonel à cette heure. Mais ici rester toujours et à jamais *capitaine*, et même aujourd'hui être *capitaine* licencié.

MINNA.

C'est jouer de malheur.

RICCAUT.

*Oui, mademoiselle, me voilà réformé, et par là mis sur le pavé!*

MINNA.

Je vous plains fort.

RICCAUT.

*Vous êtes bien bonne, mademoiselle....* Non, ici on ne se connaît pas en mérite. Un homme comme moi, me *réformer!* Un homme qui outre cela s'est *ruiné* à ce service! — J'y ai mis de ma poche plus de vingt mille *livres*. Que me reste-t-il à présent? *Tranchons le mot; je n'ai pas le sou, et me voilà exactement vis-à-vis de rien...*

MINNA.

J'en suis extrêmement peinée.

RICCAUT.

*Vous êtes bien bonne, mademoiselle.* Mais comme on dit : tout malheur traîne son frère après lui; *un malheur ne vient jamais seul :* ainsi *arriva-t-il*. Quelle autre *ressource* un *honnête homme* de mon *extraction* peut-il avoir que le jeu? J'ai toujours eu de la chance au jeu, tant que je n'ai pas eu besoin de la chance, maintenant que j'en aurais besoin, *mademoiselle, je joue avec un guignon qui surpasse toute croyance.* Depuis quinze jours, pas un où l'on ne m'ait décavé. Hier encore, j'ai été décavé trois fois. *Je sais bien qu'il y avait quelque chose de plus que le jeu. Car parmi mes pontes se trouvaient certaines dames*... Je n'en dis pas davantage. Il faut être galant envers les dames. On m'a encore *invité* aujourd'hui, pour me donner ma *revanche; mais... Vous m'entendez, mademoiselle*... pour avoir de quoi jouer, il faut d'abord avoir de quoi vivre...

MINNA.

Je ne veux pas croire, monsieur...

RICCAUT.

*Vous êtes bien bonne, mademoiselle...*

MINNA *prend Françoise à part.*

Françoise, cet homme me fait vraiment pitié. Crois-tu qu'il me recevrait mal, si je lui offrais quelque chose?

FRANÇOISE.

Il n'a pas l'air à ça.

MINNA.

Bon!... Monsieur, j'entends,... que vous jouez,

que vous taillez la banque; sans doute en des endroits, où il y a moyen de gagner. Il faut que je vous l'avoue... moi aussi j'aime beaucoup le jeu...

RICCAUT.

*Tant mieux, mademoiselle, tant mieux! Tous les gens d'esprit aiment le jeu à la fureur.*

MINNA.

J'aime beaucoup le gain! j'aime beaucoup à risquer mon argent avec un homme qui sait jouer. Seriez-vous disposé, monsieur, à me prendre pour partenaire? à m'octroyer une part dans votre banque?

RICCAUT.

*Comment, mademoiselle, vous voulez être de moitié avec moi! De tout mon cœur.*

MINNA.

Comme début, rien que pour une bagatelle. *(Elle va chercher de l'argent dans sa cassette.)*

RICCAUT.

*Ah! mademoiselle, que vous êtes charmante!*

MINNA.

Voici mon dernier gain, dix pistoles seulement, je rougis du peu...

RICCAUT.

*Donnez toujours, mademoiselle, donnez. (Il prend l'argent.)*

MINNA.

Sans doute que votre banque s'élève à une somme très considérable...

RICCAUT.

Oui, oui, très considérable. Dix pistoles? Votre

Grâce sera *intéressée pour le tiers.* Sans doute pour un tiers de part il devrait y avoir... un peu plus de pistoles. Mais avec une belle dame il ne faut pas y regarder de si près. Je me félicite d'entrer ainsi en *liaison* avec Votre Grâce, *et de ce moment je commence à bien augurer de ma fortune.*

MINNA.

Mais je ne pourrai pas assister à votre jeu, monsieur.

RICCAUT.

Pourquoi Votre Grâce aurait-elle besoin d'y être ? Nous autres joueurs sommes honnêtes gens entre nous.

MINNA.

Si la chance nous favorise, monsieur, vous m'apporterez ma part. Si elle nous est défavorable...

RICCAUT.

Je viendrai chercher des recrues. Pas vrai, madame?

MINNA.

A la longue, les recrues pourraient manquer. Aussi défendez bien notre argent, monsieur.

RICCAUT.

Pour qui me prenez-vous, madame? Pour un sot? pour un niais?

MINNA.

Pardonnez-moi...

RICCAUT.

*Je suis des bons, mademoiselle. Savez-vous ce que cela veut dire?* Je suis de ces habiles...

MINNA.

Vous n'allez pas, monsieur...

RICCAUT.

*Je sais monter un coup...*

MINNA, *surprise.*

Vous feriez?

RICCAUT.

*Je file la carte avec une adresse...*

MINNA.

Pas possible!

RICCAUT.

*Je fais sauter la coupe avec une dextérité...*

MINNA.

Vous oseriez, monsieur?...

RICCAUT.

*Pourquoi pas, madame, pourquoi pas? Donnez-moi un pigeonneau à plumer et...*

MINNA.

Tricher au jeu? tromper?

RICCAUT.

*Comment, mademoiselle, vous appelez cela* tromper? *Corriger la fortune, l'enchaîner sous ses doigts, être sûr de son fait,* voilà ce que les Allemands appellent tromper? Tromper! Oh que la langue allemande est une pauvre langue! une langue lourde!

MINNA.

Non, monsieur, si c'est là votre manière de penser...

RICCAUT.

*Laissez-moi faire, mademoiselle,* et soyez tranquille! Que vous importe la façon dont je joue?... Suffit; demain madame me reverra ici avec cent pistoles, ou elle ne me reverra plus... *Votre très humble, mademoiselle, votre très humble...* (*Il sort précipitamment.*)

MINNA, *qui le suit de l'œil avec surprise et dépit.*

Que je ne vous revoie plus, monsieur, je ne demande que cela!

## SCÈNE III

### MINNA, FRANÇOISE.

FRANÇOISE, *d'un ton amer.*

Puis-je parler? Superbe! magnifique!

MINNA.

Moque-toi de moi; je le mérite (*après un petit moment de réflexion, d'un ton plus calme*). Ne te moque pas de moi, Françoise; je ne le mérite pas.

FRANÇOISE.

Parfait! vous venez de faire quelque chose de bien joli; vous avez remis un filou sur pied.

MINNA.

Je croyais avoir affaire à un malheureux.

FRANÇOISE.

Et ce qu'il y a de mieux, c'est que le drôle vous prend pour un de ses pareils... Oh il faut que je coure après lui pour lui reprendre l'argent. (*Elle veut sortir.*)

MINNA.

Françoise, ne laisse pas le café se refroidir complètement; verse.

FRANÇOISE.

Il faut qu'il vous le restitue; vous avez changé d'idée; vous ne voulez plus être son partenaire. Dix pistoles! Vous avez bien entendu que c'était un mendiant! (*Minna verse le café elle-même.*) Donne-t-on si forte somme à un mendiant? Et chercher encore à lui épargner l'humiliation d'avoir mendié! Le mendiant méconnaît en retour le donateur charitable qui, par grandeur d'âme, feint de ne pas voir un mendiant en lui. C'est bien fait pour vous, mademoiselle, s'il prend votre cadeau pour je ne sais quoi... (*Minna offre une tasse de café à Françoise.*) Voulez-vous me faire bouillir le sang davantage encore? Je n'ai pas envie d'en boire. (*Minna se rassied.*) *Parbleu*, madame, ici on ne se connaît pas en mérite (*sur le ton de Riccaut.*) Certainement non, du moment qu'on laisse courir ainsi les filous sans les pendre.

MINNA, *froide et pensive, boit.*

Ma fille, tu t'y entends si bien en bonnes gens; mais quand apprendras-tu à souffrir les malhonnêtes gens?... Ce sont aussi des hommes — et souvent ils sont loin d'être aussi malhonnêtes qu'ils en ont l'air... On n'a qu'à chercher leurs bons côtés. — Je m'imagine que ce Français n'est que vaniteux. C'est par pure vanité qu'il se pose en tricheur; il ne veut pas avoir l'air d'être mon obligé; il veut s'épargner la peine de remercier. Peut-être va-t-il à présent payer ses petites dettes, et du reste, tant que cela durera, vivre avec parcimonie et sans bruit, sans penser au jeu. S'il en est ainsi, chère Françoise, qu'il vienne chercher des recrues, quand il voudra. — (*Elle lui donne la tasse.*) Tiens, ôte cette tasse! — Mais, dis-moi, Tellheim ne devrait-il pas déjà être ici?

FRANÇOISE.

Non, mademoiselle; je ne puis faire ni l'un, ni l'autre, ni chercher les bons côtés d'un méchant homme, ni chercher les mauvais côtés d'un brave homme.

MINNA.

Il viendra, bien sûr?...

FRANÇOISE.

Il devrait rester où il est!... Vous remarquez en lui, en lui, le meilleur des hommes, un peu d'orgueil, et c'est pour cela que vous voulez le taquiner si cruellement?

MINNA.

Tu y reviens? Tais-toi, c'est ma volonté ainsi. Si tu me gâtes ce plaisir, si tu ne fais et ne dis pas tout ce dont nous sommes convenues!... Je te laisserai seule avec lui, et puis... le voici, sans doute.

## SCÈNE IV

PAUL WERNER, *entrant avec la raideur d'un soldat de service*, MINNA, FRANÇOISE.

FRANÇOISE.

Non, ce n'est que son cher vaguemestre.

MINNA.

Cher vaguemestre? A qui se rapporte ce *cher?*

FRANÇOISE.

Mademoiselle, ne me désarçonnez pas cet homme. Votre servante, monsieur le vaguemestre ; qu'est-ce qui vous amène?

WERNER *s'approche de Minna sans faire attention à Françoise.*

Le major de Tellheim envoie par moi, vaguemestre Werner, ses humbles respects à mademoiselle de Barnhelm et lui fait dire qu'il sera ici à l'instant.

MINNA.

Où reste-t-il donc?

WERNER.

Votre Grâce lui pardonnera ; nous sommes sortis de chez nous avant le coup de trois heures ; mais chemin faisant il a été abordé par le trésorier et, comme on n'en finit jamais avec ces messieurs, il me fit signe de rapporter cet incident à mademoiselle.

MINNA.

Fort bien, monsieur le vaguemestre. Je ne souhaite qu'une chose, c'est que le trésorier ait à faire au major une communication agréable.

WERNER.

Cela arrive rarement à ces messieurs vis-à-vis des officiers... Votre Grâce a-t-elle un ordre à me donner? (*Sur le point de repartir.*)

FRANÇOISE.

Eh bien, où courez-vous encore, monsieur le vaguemestre? N'avons-nous rien à nous dire?

WERNER, *bas à Françoise et gravement.*

Pas ici, mignonne. C'est contraire au respect, à la subordination... mademoiselle.

MINNA.

Je vous remercie de la peine que vous vous êtes donnée. C'est avec plaisir que j'ai fait votre connaissance. Françoise m'a dit beaucoup de bien de vous. (*Werner salue avec une raideur cérémonieuse et s'éloigne.*)

## SCÈNE V

### MINNA, FRANÇOISE.

MINNA.

C'est ton vaguemestre, Françoise?

FRANÇOISE.

L'ironie de l'accent ne me donne pas le temps de relever encore une fois ce *ton*. Oui, mademoiselle, c'est mon vaguemestre. Vous le trouvez sans doute un peu raide et guindé. Il m'a presque fait cet effet-là aussi, tout à l'heure. Mais je comprends bien, il se croyait obligé de défiler devant Votre Grâce comme à la parade. Et quand les soldats défilent.... ils ont certes plutôt l'air de mannequins que d'hommes. Mais vous devriez le voir et l'ouïr, quand il est laissé à lui-même.

MINNA.

Il faudra que je voie.

FRANÇOISE.

Il doit encore être dans la salle. Ne puis-je y aller pour causer un peu avec lui?

MINNA.

Je te refuse à regret ce plaisir. Il faut que tu restes ici, Françoise. Il faut que tu sois présente à notre entretien... Il me vient encore une idée... (*Elle retire sa bague du doigt.*) Tiens, prends ma bague, serre-la et donne-moi en échange celle du major.

FRANÇOISE.

Pourquoi cela?

MINNA, *pendant que Françoise cherche l'autre bague.*

Je n'en sais trop rien moi-même; mais il me semble, j'en ai le pressentiment, que j'en pourrais avoir besoin... On frappe... Vite, donne. (*Elle se met la bague au doigt.*) C'est lui!

## SCÈNE VI

DE TELLHEIM, *dans le même costume, mais avec les améliorations demandées par Françoise.* MINNA, FRANÇOISE.

DE TELLHEIM.

Mademoiselle, vous excuserez mon retard.

MINNA.

Oh, monsieur le major, nous n'exigeons pas entre nous une exactitude si militaire. Vous êtes là! Attendre un plaisir, n'est-ce pas aussi un plaisir?... Eh bien? (*elle le regarde bien en face et sourit*) mon cher Tellheim, n'avons-nous pas été des enfants jusqu'ici?

DE TELLHEIM.

Oui, sans doute, des enfants, mademoiselle, qui regimbent quand ils devraient se résigner à obéir.

MINNA.

Nous allons sortir en voiture, mon cher major... pour voir un peu la ville... et puis aller au-devant de mon oncle.

DE TELLHEIM.

Comment?

MINNA.

Voyez-vous, nous n'avons pas encore pu nous dire la chose la plus importante. Il arrive aujourd'hui même. Un hasard est cause que je suis arrivée un jour plus tôt, sans lui.

DE TELLHEIM.

Le comte de Bruchsall? Est-il de retour?

MINNA.

Les troubles de la guerre l'ont chassé en Italie! la paix l'a ramené... Ne vous tourmentez pas l'esprit, Tellheim. Quoique nous redoutions jadis que de son côté nous vinssent les plus grands obstacles à notre union...

DE TELLHEIM.

A notre union?

MINNA.

Il est votre ami. Trop de gens lui ont dit trop de bien de vous, pour qu'il ne le soit pas. Il brûle de connaître en personne l'homme que son unique héritière a choisi. Il vient comme oncle, comme tuteur, me donner à vous.

DE TELLHEIM.

Ah! mademoiselle, que n'avez-vous lu ma lettre! Pourquoi n'avez-vous pas voulu la lire?

MINNA.

Votre lettre? Oui, je me souviens, vous m'en avez envoyé une. Qu'avons-nous fait de cette lettre, Françoise? L'avons-nous lue, ou ne l'avons-nous pas lue? Que m'écriviez-vous donc, mon cher Tellheim?

DE TELLHEIM.

Rien que ce que l'honneur me commande.

MINNA.

Ne pas planter là une honnête jeune fille qui vous aime, voilà ce que commande l'honneur. Certes j'aurais dû lire cette lettre. Mais ce que je n'ai pas lu, je puis l'entendre.

DE TELLHEIM.

Oui, vous allez l'entendre.

MINNA.

Non, je n'ai même pas besoin de l'entendre. Cela se comprend de soi. Vous pourriez être capable d'un si vilain tour, de ne plus vouloir de moi? Savez-vous que je serais déshonorée pour toute ma vie? Mes payses me montreraient au doigt.... « C'est elle, » dirait-on, « c'est la demoiselle de Barnhelm, qui s'imaginait, parce qu'elle était riche, avoir le noble Tellheim pour mari, comme si les hommes de cette trempe s'achetaient! » Voilà ce que l'on dirait, car mes payses sont toutes jalouses de moi. Ma richesse, elles ne peuvent la nier; mais elles ne veulent pas avouer que je suis aussi une assez bonne fille, digne d'un bon mari. Pas vrai, Tellheim?

DE TELLHEIM.

Oui, oui, mademoiselle, Je reconnais là vos payses. Elles vous envieront furieusement un officier réformé, offensé dans son honneur, un estropié, un mendiant.

MINNA.

Vous seriez tout cela? J'ai déjà entendu quelque chose de semblable, si je ne me trompe, dans la matinée. Il y a là du bon et du mauvais mêlés. Examinons la chose de plus près... Vous êtes congédié? Voilà ce que je comprends. Je croyais que votre régiment avait été simplement versé dans d'autres corps. Comment se fait-il que l'on n'ait pas gardé un homme de votre mérite?

DE TELLHEIM.

Cela est arrivé comme cela devait inévitablement arriver. Les grands sont persuadés qu'un soldat fait bien peu par amour pour eux, pas beaucoup plus par devoir, mais qu'il fait tout pour son propre honneur. Comment peuvent-ils croire qu'ils lui doivent quelque chose? La paix leur permet de se passer d'une foule de mes pareils, et en fin de compte personne n'est indispensable pour eux.

MINNA.

Vous parlez en homme à qui les grands en revanche ne sont pas nécessaires du tout. Et jamais ils ne le furent moins qu'à présent. J'adresse aux grands un grand merci d'avoir renoncé à leurs prétentions sur un homme que je n'aurais partagé avec eux qu'à mon très grand regret... Je suis votre reine, Tellheim; vous n'avez pas besoin d'une autre souveraine... Vous trouver en disponibilité est une chance que j'aurais à peine espérée en rêve!... Mais vous n'êtes pas seulement congédié : vous êtes plus encore. Qu'êtes-vous donc en outre? Estropié, disiez-vous? Bah! (*elle le considère du haut en bas*) l'estropié est encore passablement intact et droit, il paraît encore assez bien portant et vigoureux.... Mon cher Tellheim, si vous comptez aller mendier en invoquant la perte de vos membres valides, je vous prédis qu'à bien peu de portes on vous fera la charité, excepté aux portes des jeunes filles au cœur tendre, comme moi.

DE TELLHEIM.

En ce moment je n'entends que la jeune fille malicieuse, chère Minna.

MINNA.

Et moi, dans votre reproche, je n'entends que chère Minna... Je ne serai plus malicieuse. Car, réflexion faite, vous n'êtes en tout cas que faiblement estropié. Une balle vous a un peu paralysé le bras droit... Mais, tout bien pesé, cela aussi n'est pas trop mauvais. J'en serai d'autant plus à l'abri de vos coups.

DE TELLHEIM.

Mademoiselle!

MINNA.

Vous allez dire que vous serez d'autant moins

à l'abri des miens. Allons, allons, mon cher Tellheim, j'espère que vous ne me forcerez jamais à en venir là.

DE TELLHEIM.

Vous voulez rire, mademoiselle. Je n'ai qu'un regret, c'est que je ne puisse pas rire avec vous.

MINNA.

Pourquoi pas? Qu'avez-vous donc contre le rire? Ne peut-on pas être très sérieux, même en riant? Cher major, le rire nous enlève moins notre bon sens que le dépit. Vous en avez la preuve sous vos yeux. Votre rieuse amie se rend bien mieux compte de votre situation que vous même. Parce que vous êtes congédié, vous vous dites offensé dans votre honneur; parce que vous avez une balle dans le bras, vous faites de vous un invalide. Est-ce bien exact? N'est-ce pas une exagération? Et suis-je cause que toutes les exagérations prêtent tant à rire? Je parie que si j'examine maintenant votre titre de mendiant, je lui trouverai tout aussi peu de consistance. Vous aurez perdu une fois, deux fois, trois fois votre équipage; chez l'un ou l'autre banquier quelques capitaux auront sombré; quant à telle et telle avance, que vous fîtes étant au service, vous n'avez plus d'espoir d'y rentrer : mais êtes-vous pour cela un mendiant? S'il ne vous est resté que ce que mon oncle apporte pour vous.

DE TELLHEIM.

Votre oncle, mademoiselle, n'apportera rien pour moi.

MINNA.

Rien que les deux mille pistoles qui vous avez si généreusement avancées à nos États.

DE TELLHEIM.

Que n'avez-vous lu ma lettre, mademoiselle!

MINNA.

Eh bien oui, je l'ai lue. Mais ce que j'ai lu sur ce point est pour moi une véritable énigme. Il est impossible qu'on veuille vous faire un crime d'une noble action.... Expliquez moi donc, cher major —

DE TELLHEIM.

Vous vous le rappelez, mademoiselle, j'avais l'ordre de recouvrer l'indemnité de guerre dans les bailliages de votre province avec la plus grande rigueur et argent comptant. Je voulus m'épargner cette rigueur et avançai moi-même ce qui manquait à la somme.

MINNA.

Mais oui, je m'en souviens. Ce fut cette action qui me fit vous aimer avant de vous avoir vu.

DE TELLHEIM.

Les États m'ont donné une lettre de change et, à la signature de la paix, je voulus la faire porter parmi les dettes à ratifier. La lettre de change fut reconnue valable, mais on m'en contesta la propriété. On prit un air moqueur quand j'assurai que j'en avais donné le montant en espèces sonnantes. On cria à la corruption, on en fit un pot-de-vin donné par les États, parce que j'étais si vite tombé d'accord avec eux pour la somme la plus petite, dont j'avais plein pouvoir de me contenter, mais à la dernière extrémité seulement. C'est ainsi que la lettre de change est sortie de mes mains, et si on la paye, ce ne sera certainement pas à moi. — C'est par là, mademoiselle, que je crois mon honneur offensé, et non par le congé, que j'eusse demandé si je ne l'avais pas reçu.... Vous êtes sérieuse, mademoiselle? Pourquoi ne riez-vous pas? Ha, ha, ha! Je ris, moi!

MINNA.

Oh, étouffez ce rire, Tellheim! Je vous en conjure? C'est l'horrible rire du misanthrope! Non, vous n'êtes pas homme à vous repentir d'une bonne action, parce qu'elle a pour vous des conséquences fâcheuses. Non, il est impossible que ces fâcheuses conséquences durent! Il faut que la vérité vienne au jour. Le témoignage de mon oncle, de tous nos États.

DE TELLHEIM.

De votre oncle! De vos États! Ha, ha, ha!

MINNA.

Votre rire me tue, Tellheim! Si vous croyez à la vertu et à la Providence, Tellheim, ne riez pas de la sorte! Je n'ai jamais entendu jurer plus horriblement que vous riez!... Et mettons les choses au pire? Si l'on veut absolument vous méconnaître ici, on ne peut pas vous méconnaître chez nous. Non, nous ne pouvons vous méconnaître, nous ne vous méconnaîtrons pas, Tellheim. Et si nos États ont le moindre sentiment d'honneur, je sais ce qu'il faudra qu'ils fassent. Mais je suis sotte, à quoi bon cela? Figurez-vous, Tellheim, que vous avez perdu ces deux mille pistoles dans une soirée où vous jouiez un jeu d'enfer. Le roi a été pour vous une carte malheureuse. La dame (*s'indiquant elle-même*) vous sera d'autant plus favorable..... La Providence, croyez-moi, écarte tout préjudice de l'honnête homme, et souvent à l'avance. L'action qui devait un jour vous faire perdre deux mille pistoles, m'a conquise à vous. Sans cette action, je n'eusse jamais été si désireuse de faire votre connaissance. Vous le savez, je vins, sans invitation, dans la première société où je croyais vous trouver. Je ne vins que pour vous. Je vins avec la ferme intention de vous aimer..., je vous aimais déjà!... avec la ferme intention de vous posséder, quand bien même je vous trouverais aussi noir et aussi laid que le More de Venise. Vous n'êtes ni aussi noir, ni aussi laid; vous ne serez pas non plus aussi jaloux. Mais, Tellheim, Tellheim, vous avez encore bien des points de ressemblance avec lui! Oh les hommes farouches et inflexibles, qui ne cessent de fixer des yeux hagards sur le spectre de l'honneur et s'endurcissent contre tout autre sentiment!.... Tournez ici vos yeux, sur moi, Tellheim! (*Absorbé et immobile, il n'a cessé de fixer le même point.*) A quoi pensez-vous? Vous ne m'entendez pas?

DE TELLHEIM, *distrait.*

Oh oui! Mais dites-moi donc, mademoiselle, comment le More se trouvait-il au service de Venise? Le More n'avait-il point de patrie? Pourquoi loua-t-il son bras et son sang à un État étranger?

MINNA, *effrayée.*

Où êtes-vous, Tellheim? Il est temps que nous partions. — Venez! (*Elle lui prend la main.*) Françoise, fais avancer la voiture.

DE TELLHEIM *retire sa main et suit Françoise.*

Non, Françoise, je ne puis avoir l'honneur d'accompagner mademoiselle.... Mademoiselle, laissez-moi mon bon sens encore aujourd'hui et donnez-moi congé. Vous suivez la meilleure voie pour me le faire perdre. Je résiste tant que je peux.... Mais, tandis que j'ai encore ma raison, écoutez, mademoiselle, la ferme résolution que j'ai prise et dont rien au monde ne me détournera.... S'il n'y a plus un atout dans mon jeu, si la situation ne change pas complètement de face, si...

MINNA.

Il faut que je vous interrompe, monsieur le major. Nous aurions dû le lui dire tout de suite, Françoise. Aussi bien tu ne me fais souvenir de rien du tout.... Notre entretien aurait pris une tout autre tournure, Tellheim, si j'avais commencé par la bonne nouvelle que le chevalier de la Marlinière vous venait annoncer, il y a un instant.

DE TELLHEIM.

Le chevalier de la Marlinière? Qui est-ce?

FRANÇOISE.

Peut être un brave homme, monsieur le major, sauf....

MINNA.

Silence, Françoise!... C'est aussi un officier licencié, qui sort du service de la Hollande...

DE TELLHEIM.

Ha! le lieutenant Riccaut!

MINNA.

Il affirmait être votre ami.

DE TELLHEIM.

J'affirme n'être pas le sien.

MINNA.

Je ne sais quel ministre lui a confié que votre affaire est près de finir de la plus heureuse manière. Une lettre autographe du roi, adressée à vous, va vous arriver.

DE TELLHEIM.

Comment Riccaut et un ministre se trouveraient-ils ensemble?... Il est vrai, il doit s'être passé quelque chose au sujet de mon affaire. Le trésorier vient de m'annoncer que le roi a fait arrêter les poursuites dirigées contre moi et que je pouvais reprendre ma parole d'honneur donnée par écrit de ne partir d'ici qu'après complète justification.... Ce sera probablement tout. On voudra me laisser partir. Mais on se trompe; je ne partirai pas. Plutôt périr de misère ici sous les yeux de mes calomniateurs.

MINNA.

Quel entêtement!

DE TELLHEIM.

Je ne veux point de grâce, je veux que justice me soit rendue. Mon honneur....

MINNA.

L'honneur d'un homme tel que vous....

DE TELLHEIM, *avec feu.*

Non, mademoiselle, vous pourrez fort bien juger

de toutes choses, excepté de celle-là. L'honneur n'est ni la voix de notre conscience, ni le témoignage de quelques gens intègres.

MINNA.

Non, non, je le sais bien.... L'honneur est l'honneur.

DE TELLHEIM.

Bref, mademoiselle..., vous ne m'avez pas laissé achever. — Je voulais dire : si on me retient mon bien d'une façon si outrageante, si on ne donne pas toute satisfaction à mon honneur, je ne puis pas être à vous, mademoiselle. Car je ne suis pas digne de l'être aux yeux du monde.... Mademoiselle de Barnhelm mérite un mari sans tache. C'est un amour indigne que celui qui n'hésite pas à exposer son objet au mépris. C'est un homme infâme, celui qui ne rougit pas de devoir tout son bonheur à une femme, dont l'aveugle tendresse....

MINNA.

Vous parlez sérieusement, monsieur le major? (*Elle lui tourne brusquement le dos.*) Françoise?

DE TELLHEIM.

Ne vous emportez pas, mademoiselle.

MINNA, *bas à Françoise.*

Maintenant il serait temps! Que me conseilles-tu, Françoise?

FRANÇOISE.

Je ne conseille rien. Mais il vous en fait voir un peu trop de toutes les couleurs.

DE TELLHEIM *vient les interrompre.*

Vous êtes fâchée, mademoiselle.

MINNA, *dédaigneuse.*

Moi? Pas du tout.

DE TELLHEIM.

Si je vous aimais moins, mademoiselle....

MINNA, *du même ton.*

Oh certes, ce serait mon malheur!... Et voyez-vous, monsieur le major; je ne veux pas non plus le vôtre.... Il faut aimer avec un entier désintéressement. Par bonheur, je ne suis pas allée plus loin dans mes confidences! Peut-être que votre pitié m'eût accordé ce que me refuse votre amour.... (*Elle ôte lentement la bague.*)

DE TELLHEIM.

Que voulez-vous dire par là, mademoiselle?

MINNA.

Non, qu'aucun de nous ne rende l'autre plus heureux ou plus malheureux. Ainsi le veut l'amour vrai? Je vous crois, monsieur le major, et vous êtes trop homme d'honneur pour méconnaître l'amour.

DE TELLHEIM.

Vous vous moquez, mademoiselle?

MINNA.

Voici! Reprenez la bague par laquelle vous m'avez engagé votre foi. (*Elle lui présente la bague.*) C'en est fait! Oublions que nous nous sommes connus.

DE TELLHEIM.

Qu'entends-je?

MINNA.

Cela vous surprend?... Prenez, monsieur!...

Je pense bien que vous n'avez pas voulu simplement jouer la comédie?

DE TELLHEIM, *prenant la bague.*

Dieu, c'est ainsi que parle Minna!

MINNA.

Vous ne pouvez m'appartenir dans un seul cas; je ne vous appartiendrai en aucun cas. Votre infortune est probable, la mienne est certaine. Adieu! (*Elle veut sortir.*)

DE TELLHEIM.

Où allez-vous, ma très chère Minna!

MINNA.

Monsieur, vous m'insultez maintenant par ce titre amical.

DE TELLHEIM.

Qu'avez-vous, mademoiselle? Où allez-vous?

MINNA.

Laissez-moi. — Je vais cacher mes larmes à vos yeux, traître! (*Elle sort.*)

## SCÈNE VII

### DE TELLHEIM, FRANÇOISE.

DE TELLHEIM.

Elle verse des larmes? et je la laisserais? (*Il veut la suivre.*)

FRANÇOISE *le retient.*

Arrêtez, monsieur le major; vous ne la suivrez pas, je pense, dans sa chambre à coucher?

DE TELLHEIM.

Son infortune? Ne parlait-elle pas d'infortune?

FRANÇOISE.

Sans doute, le malheur de vous perdre après....

DE TELLHEIM.

Après? Quoi, après? Il y a là-dessous quelque mystère. Qu'est-ce, Françoise? Parle, dis...

FRANÇOISE.

Après qu'elle, comment disais-je?... après avoir tant sacrifié pour vous.

DE TELLHEIM.

Sacrifié, pour moi?

FRANÇOISE.

Écoutez ces quelques mots.... C'est une excellente chose pour vous, monsieur le major, d'avoir été débarrassé d'elle de cette manière.... Pourquoi ne vous le dirais-je pas? Cela ne resterait plus longtemps un mystère.... Nous nous sommes sauvées!... Le comte de Bruchsall a déshérité mademoiselle, parce qu'elle ne voulut pas accepter un mari de sa main. Alors tout le monde la délaissa, tout le monde la méprisa. Que devions-nous faire? Nous résolûmes de chercher celui à qui...

DE TELLHEIM.

J'en sais assez.... Viens, il faut que je me jette à ses pieds.

FRANÇOISE.

Y pensez-vous? Partez plutôt et rendez grâce à votre bonne fortune.

DE TELLHEIM.

Misérable! pour qui me prends-tu? Non; chère Françoise, ce conseil ne vint pas de ton cœur. Oublie ma colère!

FRANÇOISE.

Ne me retenez pas plus longtemps. Il faut que je voie ce qu'elle fait. Il pourrait bien lui être arrivé quelque chose..... Partez! Revenez plutôt, si vous voulez revenir. (*Elle sort.*)

## SCÈNE VIII

DE TELLHEIM.

Mais, Françoise! — Oh je vous attends ici!.... Non, une affaire plus pressante m'appelle!..... Quand elle verra la chose au sérieux, son pardon ne pourra me manquer.... C'est maintenant que j'ai besoin de toi, honnête Werner!... Non, Minna, je ne suis pas un traître! (*Il sort à grands pas.*)

# ACTE V

La scène se passe dans la salle de l'auberge.

---

## SCÈNE I

DE TELLHEIM et WERNER *entrent, chacun par un autre côté.*

DE TELLHEIM.

Ah! Werner, je te cherche partout. Où étais-tu fourré?

WERNER.

Moi aussi, je vous cherchais; voilà ce que c'est que de courir l'un après l'autre... Je vous apporte une bien bonne nouvelle.

DE TELLHEIM.

Ah! maintenant, je n'ai que faire de tes nouvelles; c'est ton argent qu'il me faut. Vite, Werner, donne-moi tout ce que tu as; et puis, tâche d'en trouver autant que tu pourras.

WERNER.

Monsieur le major? Ah! par ma pauvre âme, ne le disais-je pas : il voudra m'emprunter de l'argent, quand il en aura lui-même à prêter.

DE TELLHEIM.

Chercherais-tu des échappatoires?

WERNER.

Afin que je n'aie pas de reproches à lui faire, il me le prendra de la main droite et me le rendra de la main gauche.

DE TELLHEIM.

Ne me fais pas attendre, Werner!... J'ai bonne envie de te le rendre; mais quand et comment?... Dieu le sait!

WERNER.

Vous êtes encore à ignorer que la caisse royale a ordre de vous rembourser? Je viens de l'apprendre chez...

DE TELLHEIM.

Que bavardes-tu? Tu t'en fais conter. Tu ne comprends donc pas que, si c'était vrai, je serais le premier à le savoir... Bref, Werner, de l'argent, de l'argent!

WERNER.

Avec plaisir! en voilà un peu! Ici vous avez les cent louis d'or, ici les cent ducats. (*Il lui donne les deux bourses.*)

DE TELLHEIM.

Les cent louis d'or, Werner, apporte-les à Just : qu'il dégage aussitôt la bague qu'il a mise en gage ce matin... Mais où en prendras-tu davantage? Werner?... Il m'en faut bien plus.

WERNER.

Je m'en charge, ne vous en inquiétez pas. — Mon acquéreur habite la ville. Le terme du payement n'échoit que dans quinze jours; mais la somme est prête et avec un demi pour cent d'escompte.

DE TELLHEIM.

Oui, cher Werner! — Tu vois que je n'ai recours qu'à toi seul? — Il faut aussi que je te confie tout. — La demoiselle de céans... tu l'as vue... est malheureuse....

WERNER.

O miséricorde!

DE TELLHEIM.

Mais demain elle sera ma femme.

WERNER.

O joie!

DE TELLHEIM.

Et après-demain je pars avec elle, je puis le faire, je veux le faire. Je préfère tout planter là! Qui sait si la chance ne m'attend pas ailleurs. Si tu veux, Werner, accompagne-moi. Nous reprendrons du service.

WERNER.

Vrai?... Mais là où il y a une guerre, je suppose, cher major?

DE TELLHEIM.

Bien entendu.... Va, mon cher Werner, nous en reparlerons.

WERNER.

O mon bon major!... Après-demain? Pourquoi pas demain plutôt? Je cours arranger tout.... En Perse, monsieur le major, il y a une guerre superbe; qu'en dites-vous?

DE TELLHEIM.

Nous y réfléchirons, va toujours, Werner.

WERNER.

Hourra! vive le prince Héraclius! (*Il sort.*)

## SCENE II

DE TELLHEIM.

Qu'est-ce que j'éprouve? — Mon âme entière est animée d'une énergie nouvelle. Mon malheur à moi m'avait abattu, rendu maussade, aveugle, timide, mou; son malheur à elle me relève, mon regard n'est plus voilé, je me sens la volonté et la force de tout entreprendre pour elle. — Pourquoi tarder? (*Il veut se rendre chez Minna, Françoise sort de la chambre et vient à lui.*)

## SCÈNE III

FRANÇOISE, DE TELLHEIM.

FRANÇOISE.

C'est bien vous. Il me semblait entendre votre voix... Que désirez-vous, monsieur le major?

DE TELLHEIM.

Ce que je désire?... Que fait ta maîtresse?... Viens!

FRANÇOISE.

Elle va tout à l'heure faire un tour en voiture.

DE TELLHEIM.

Seule? sans moi? où va-t-elle?

FRANÇOISE.

Vous avez oublié, monsieur le major?

DE TELLHEIM.

Perds-tu la tête, Françoise?... Je l'ai agacée, elle a pris la mouche; je lui demanderai pardon, elle me pardonnera.

FRANÇOISE.

Quoi?... Après avoir repris la bague, monsieur le major?

DE TELLHEIM.

Ah!... je l'ai fait, parce que j'étais abasourdi... Mais j'y pense, cette bague... Où l'ai-je fourrée? (*Il la cherche.*) La voici.

FRANÇOISE.

Est-ce bien elle? (*Tandis que Tellheim la remet en poche, à part.*) Que ne la regarde-t-il de plus près!

DE TELLHEIM.

Elle m'a forcé de la prendre avec une acrimonie de ton..., j'ai déjà oublié cette acrimonie. Un cœur qui déborde est incapable de peser ses paroles.... Mais elle ne refusera pas un instant de reprendre cette bague.... N'ai-je pas encore la sienne?

FRANÇOISE.

Elle l'attend en échange.... Où l'avez-vous, monsieur le major? Montrez-la moi donc?

DE TELLHEIM, *non sans embarras.*

J'ai... oublié de la mettre... Just... Just va me l'apporter dans un moment.

FRANÇOISE.

L'une est bien à peu près pareille à l'autre, faites-moi voir celle-ci; j'aime à voir ces objets-là.

DE TELLHEIM.

Une autre fois, Françoise. Maintenant, viens.

FRANÇOISE, *à part.*

Il ne veut absolument pas qu'on le tire de son erreur.

DE TELLHEIM.

Que dis-tu? erreur?

FRANÇOISE.

C'est une erreur, dis-je, si vous vous figurez que mademoiselle soit encore un bon parti. Sa propre fortune n'est nullement considérable; des comptes un peu intéressés de ses tuteurs, et cette fortune tombe dans l'eau. Elle attendait tout de son oncle, mais cet oncle impitoyable...

DE TELLHEIM.

Ne parle pas! — Ne suis-je pas homme à la dédommager de tout un jour?

FRANÇOISE.

Entendez-vous? Elle sonne; je rentre.

DE TELLHEIM.

Je t'accompagne.

FRANÇOISE.

Au nom de Dieu, non! Elle m'a expressément défendu de vous parler. Tout au moins ne venez qu'après moi. (*Elle sort.*)

## SCÈNE IV

DE TELLHEIM, *lui criant :*

Annonce-moi!... Parle en ma faveur, Françoise!... Je te suis!... Que lui dirai-je?... Quand le cœur parle, point n'est besoin de préparation.... Voici cependant la seule chose qui réclame un tour de phrase soigné : sa réserve, ses scrupules à se jeter malheureuse dans mes bras; son empressement à me peindre un bonheur que je lui ai fait perdre. Ce peu de confiance en mon honneur, en sa propre valeur à elle, je l'excuserai à ses yeux; aux miens elle est tout excusée... Ah! elle vient.

## SCÈNE V

MINNA, FRANÇOISE, DE TELLHEIM.

MINNA *entre comme si elle n'avait pas aperçu le major.*

La voiture est à la porte, n'est-ce pas? Françoise? — Mon éventail!

DE TELLHEIM *va vers elle.*

Où allez-vous, mademoiselle?

MINNA, *avec une froideur affectée.*

Je sors, monsieur le major.... Je devine pourquoi vous vous êtes encore une fois donné la peine de revenir : c'est pour me rendre ma bague. Bien, monsieur le major; ayez la bonté de la remettre à Françoise.... Françoise, débarrasse monsieur le major de cette bague.... Je n'ai pas de temps à perdre. (*Elle veut sortir.*)

DE TELLHEIM *se place devant elle.*

Mademoiselle!... Ah! qu'ai-je appris, mademoiselle! Je ne méritais pas tant d'amour.

MINNA.

Ainsi, Françoise, tu as dit à monsieur le major...

FRANÇOISE.

Je lui ai tout découvert.

DE TELLHEIM.

Ne soyez point fâchée contre moi, mademoiselle. Je ne suis pas un traître. Vous avez beaucoup perdu aux yeux du monde, mais non aux miens. A mes yeux vous avez infiniment gagné par cette perte. Celle-ci était encore trop récente pour vous; vous craigniez qu'elle ne fît sur moi une mauvaise impression; vous vouliez me la dissimuler au premier abord. Je ne me plains pas de cette méfiance. Elle venait du désir de me conserver. Ce désir fait mon orgueil! Vous me trouvâtes malheureux moi-même et ne voulûtes point unir nos deux misères. Vous ne pouviez pas supposer combien votre infortune me ferait passer sur la mienne.

MINNA.

Tout cela est fort bien, monsieur le major! Mais la chose est faite. Je vous ai déclaré quitte de tout engagement; vous, en reprenant la bague, vous n'avez...

DE TELLHEIM.

Consenti à rien! — Bien plus, je me considère à présent comme plus lié que jamais. — Vous êtes à moi, Minna, à moi pour toujours. (*Il tire la bague de sa poche.*) Voici, recevez-le pour la seconde fois, ce gage de ma foi.

MINNA.

Moi, reprendre cette bague? cette bague?

DE TELLHEIM.

Oui, ma très chère Minna, oui!

MINNA.

Que me proposez-vous là, cette bague-ci?

DE TELLHEIM.

Vous l'avez reçue pour la première fois de ma main, lorsque notre situation à tous deux était égale et fortunée. Elle n'est plus heureuse, elle est encore égale. L'égalité est toujours le lien le plus solide de l'affection.... Permettez, ma très chère Minna!... *(Il saisit la main de Minna, pour lui mettre la bague au doigt.)*

MINNA.

Comment? de force, monsieur le major? — Non, aucune puissance au monde ne me pourra contraindre à reprendre cette bague! — Croyez-vous par hasard qu'il me manque une bague? — Oh! vous voyez bien (*elle montre la sienne*) que j'en ai encore une, et qui ne le cède en rien à la vôtre.

FRANÇOISE.

S'il ne voit encore rien cette fois-ci!

DE TELLHEIM, *laisse tomber la main de Minna.*

Qu'est cela?... Je vois mademoiselle de Barnhelm, mais ce n'est pas elle que j'entends.... Vous jouez la comédie, mademoiselle, pardon, si j'emploie ce terme après vous.

MINNA, *de son ton naturel.*

Ce mot vous a-t-il offensé, monsieur le major?

DE TELLHEIM.

Il m'a fait souffrir.

MINNA, *touchée.*

Il n'a pas été dit dans cette intention, Tellheim. — Pardonnez-moi, Tellheim.

DE TELLHEIM.

Ah ! ce ton affectueux m'annonce que vous revenez à vous, mademoiselle ; que vous m'aimez encore, Minna.

FRANÇOISE, *éclatant.*

Bientôt la plaisanterie serait allée trop loin.

MINNA, *impérieusement.*

Ne te mêle point de nos affaires, Françoise, je t'en prie !

FRANÇOISE, *à part, avec surprise.*

Cela ne suffit pas encore ?

MINNA.

Oui, monsieur, ce serait de ma part vanité de femme que d'affecter la froideur et le dédain. Loin de moi ces détours, vous méritez de me trouver aussi franche que vous êtes franc vous-même.. Je vous aime encore, Tellheim, je vous aime encore ; mais malgré cela...

DE TELLHEIM.

Ne continuez pas, ma très chère Minna, ne continuez pas ! (*Il saisit de nouveau la main de Minna pour lui mettre la bague.*)

MINNA, *retirant sa main.*

Malgré cela... raison de plus pour ne jamais y consentir, jamais !... A quoi pensez-vous, monsieur le major ?... Je croyais, que vous aviez assez de votre propre infortune... Il faut que vous restiez ici ; il faut à toute force... que vous obteniez une indispensable satisfaction. C'est le seul mot que je trouve... à toute force !... et dût la plus noire misère vous dévorer sous les yeux de vos calomniateurs !

DE TELLHEIM.

C'était ma pensée, mon langage, lorsque je ne savais ni ce que je pensais, ni ce que je disais. Le dépit et la colère rentrée avaient obscurci mon âme; l'amour même, dans le plein éclat de sa floraison, ne pouvait s'y faire jour. Mais l'amour envoie sa fille, la compassion, qui, plus familiarisée avec la sombre douleur, dissipe les brouillards et rouvre toutes les portes de mon âme aux impressions de la tendresse. Le penchant de la conservation personnelle s'éveille, maintenant que j'ai à conserver un objet plus précieux que moi, et que j'ai à le conserver pour moi. Que ce mot de compassion ne vous offense pas, mademoiselle. De la cause innocente de son malheur on peut l'entendre sans en être abaissé. Je suis cette cause; c'est moi, Minna, qui vous fait perdre amis et parents, fortune et patrie. C'est par moi, c'est en moi qu'il faut que vous retrouviez tout cela, ou j'aurai sur le cœur la ruine de la plus aimable des femmes. Que je n'entrevoie pas cet avenir, où je serais obligé de me haïr moi-même... Non, rien ne m'arrêtera plus longtemps en ces lieux. De ce moment je ne veux répondre que par le mépris à l'injustice dont je suis victime ici. Ce pays est-il le monde? Le soleil ne se lève-t-il qu'ici? Où ne puis-je aller? Dans quelle armée refusera-t-on mes services? Et dussé-je la chercher sous le ciel le plus lointain : suivez-moi avec confiance, nous ne manquerons de rien... J'ai un ami qui sera heureux de me venir en aide.

## SCÈNE VI

UN COURRIER, DE TELLHEIM, MINNA, FRANÇOISE.

FRANÇOISE, *apercevant le courrier.*

St, monsieur le major.

DE TELLHEIM, *au courrier.*

Chez qui allez-vous?

LE COURRIER.

Je cherche monsieur le major de Tellheim... Ah, mais c'est vous-même. Monsieur le major, j'ai à vous remettre cette lettre de la main du roi (*il tire une lettre de son portefeuille*).

DE TELLHEIM.

Elle est pour moi?

LE COURRIER.

Voyez l'adresse...

MINNA.

Françoise, entends-tu?... Le chevalier a dit vrai!

LE COURRIER, *pendant que Tellheim prend la lettre.*

Je vous demande pardon, monsieur le major; vous l'auriez déjà reçue hier, mais je ne vous ai pas trouvé. Ce n'est qu'aujourd'hui, à la revue, que j'ai su votre adresse du lieutenant Riccaut.

FRANÇOISE.

Mademoiselle, entendez-vous? C'est çà le ministre du chevalier. — « Comment s'appelle-t-il, le ministre, là dehors, sur la grande place? ».

DE TELLHEIM.

Je vous suis très obligé de la peine que vous vous êtes donnée.

LE COURRIER.

Je ne fais que mon devoir, monsieur le major. (*Il sort.*)

## SCÈNE VII

DE TELLHEIM, MINNA, FRANÇOISE.

DE TELLHEIM.

Ah, mademoiselle, qu'ai-je là? Que contient cet écrit?

MINNA.

Je n'ai pas le droit de porter ma curiosité jusque-là.

DE TELLHEIM.

Comment? Vous séparez encore ma destinée de la vôtre?... Mais pourquoi hésité-je à l'ouvrir?... Cet écrit ne peut pas augmenter mon malheur; non, très chère Minna, il ne peut pas nous rendre plus malheureux...; mais plus heureux, peut-être!... Permettez, mademoiselle! (*Il brise le sceau et lit la lettre, pendant que l'hôtelier arrive à pas de loup.*)

## SCÈNE VIII

L'HÔTELIER, LES PRÉCÉDENTS.

L'HÔTELIER, *à Françoise.*

Psst! ma belle enfant! un mot!

FRANÇOISE *s'approche de lui.*

Monsieur l'hôtelier?... Je vous assure que nous ne savons pas encore nous-mêmes ce qu'il y a dans la lettre.

L'HÔTELIER.

On ne veut rien savoir de la lettre!... Je viens pour la bague. Il faut que mademoiselle de Barnhelm me la rende séance tenante. Just est là pour la dégager.

MINNA, *qui s'est également rapprochée de l'hôtelier.*

Dites à Just qu'elle est déjà dégagée, et dites-lui par qui, par moi.

L'HÔTELIER.

Mais...

MINNA.

Je prends tout sur moi; allez donc. (*L'hôtelier sort.*)

## SCÈNE IX

DE TELLHEIM, MINNA, FRANÇOISE.

FRANÇOISE.

Et maintenant, mademoiselle, cessez de tourmenter ce pauvre major.

MINNA.

Oh la solliciteuse! Comme si le nœud n'allait pas forcément se dénouer bientôt de lui-même.

DE TELLHEIM, *après avoir lu, avec la plus vive émotion.*

Ah! Ici encore il ne s'est pas démenti!... O

mademoiselle, quelle justice!... quelle bonté!... C'est plus que je n'attendais!... Plus que je ne mérite... Ma fortune, mon honneur, tout est rétabli!... Je ne rêve pas? (*Il jette de nouveau les yeux sur la lettre, comme pour se convaincre encore une fois.*) Non, ce n'est pas le fantôme illusoire de mes désirs! Lisez vous-même, mademoiselle, lisez, lisez vous-même.

MINNA.

Je ne serai pas si indiscrète, monsieur le major.

DE TELLHEIM.

Indiscrète? La lettre m'est adressée, à moi, à votre Tellheim, Minna. Elle contient ce que votre oncle ne peut vous ravir. Il faut que vous la lisiez; lisez donc!

MINNA.

Si cela peut vous faire plaisir, monsieur le major... (*Elle prend la lettre et lit :*)

« Mon cher major de Tellheim!

« Je vous fais savoir que l'affaire, qui me faisait craindre pour votre honneur, a été éclaircie à votre avantage. Mon frère la connaissait à fond et son témoignage a prouvé que vous étiez plus qu'innocent. La caisse royale a ordre de vous restituer la lettre de change en question, et de payer les avances faites par vous; j'ai également ordonné d'annuler la revision de vos comptes, faite par les trésoreries de campagne. Mandez-moi si votre santé vous permet de reprendre du service. Je ne renoncerais pas volontiers à un homme de votre bravoure et de vos sentiments.

« Je suis votre bien affectionné roi, etc... »

DE TELLHEIM.

Eh bien, qu'en dites-vous, mademoiselle?

MINNA *plie la lettre et la rend.*

Moi? rien.

DE TELLHEIM.

Rien?

MINNA.

Si pourtant : votre roi, qui est un grand homme, est sans doute aussi un brave homme... Mais en quoi cela m'intéresse-t-il? Il n'est pas mon roi.

DE TELLHEIM.

Vous n'avez que cela à dire? Rien par rapport à nous-mêmes?

MINNA.

Vous rentrerez à son service, monsieur le major deviendra lieutenant-colonel, colonel peut-être... Tous mes compliments.

DE TELLHEIM.

Vous ne me connaissez pas mieux que cela?... Non, du moment que la fortune me rend de quoi satisfaire les désirs d'un homme raisonnable, c'est à ma chère Minna seule de décider si j'appartiendrai encore à une autre personne qu'à elle. C'est exclusivement à son service que ma vie entière doit être consacrée! Le service des grands est dangereux et ne compense pas les peines, la contrainte et les humiliations qu'il coûte. Minna n'est point de ces vaniteuses qui dans leurs maris n'aiment que le titre et les fonctions d'honneur. Elle m'aimera pour moi-même et j'oublierai pour elle le monde entier. Je devins soldat par esprit de parti, je ne sais pas moi-même pour quels motifs politiques, et par cette singulière raison qu'il est bon pour tout honnête homme de s'essayer quelque temps à ce métier, de se familiariser avec tout ce qui s'appelle danger et d'apprendre le sang-froid et la résolution. La dernière extrémité seule aurait pu me contraindre à faire de cet essai une vocation, de cette occupation occasionnelle un métier. Mais maintenant que rien ne me contraint plus, toute mon ambition, c'est uniquement d'être un homme paisible et satisfait. Je le deviendrai avec vous, très chère Minna, cela ne saurait manquer; en votre société je le resterai immuablement... Que demain le plus sacré des liens nous unisse : et puis nous regarderons autour de nous, et dans ce vaste monde habité, nous chercherons le coin le plus calme, le plus gai, le plus riant, à qui il ne manquera, pour être le paradis, qu'un couple heureux. C'est là que nous habiterons; c'est là que chacun de nos jours... Qu'avez-vous, mademoiselle?... (*Minna s'agite en tous sens et cherche à cacher son émotion.*)

MINNA, *se remettant.*

Vous êtes impitoyable, Tellheim, de me peindre avec de tels charmes un bonheur auquel je dois renoncer... Mes pertes...

DE TELLHEIM.

Vos pertes?... Qu'appelez-vous vos pertes? Tout ce que Minna pouvait perdre, ce n'est pas Minna. Vous êtes toujours la plus douce, la plus aimable, la plus délicieuse, la meilleure créature sous le soleil; faite toute de bonté et de magnanimité, d'innocence et de gaîté!... De temps en temps une pointe de malice; çà et là un soupçon d'entêtement... Tant mieux! tant mieux! Minna sans cela serait un ange que je me verrais obligé d'adorer avec un saint effroi et que je ne pourrais aimer. (*Il saisit la main de Minna pour y déposer un baiser.*)

MINNA *retire sa main.*

De grâce, monsieur!... d'où vous vient ce changement subit?... Cet amant caressant et impétueux, est-ce le froid Tellheim? Le retour de la fortune pouvait-il seul lui donner ce feu?... qu'il permette que, dans son ardeur précipitée, je garde pour nous deux quelque sang-froid... Lorsqu'il était lui-même capable de réflexion, je l'entendais dire que c'était un amour bien vil que celui qui n'hésitait pas à exposer son objet au mépris.... Bien; mais moi, je tâche de montrer un amour tout aussi pur, tout aussi noble que lui... Maintenant, que la gloire l'appelle, qu'un grand monarque brigue ses services, devrai-je permettre qu'il se laisse aller avec moi à des rêveries amoureuses? que le guerrier couvert de gloire dégénère en un berger frivole? Non, monsieur le major, obéissez à l'appel d'une meilleure destinée.

DE TELLHEIM.

Je veux bien! Si le grand monde a pour vous plus de charmes, Minna, bien..., que le grand monde nous garde!... Qu'il est petit et misérable, ce grand monde!... Vous ne le connaissez que par son côté brillant! Mais certainement, Minna, vous... soit! Jusque-là, fort bien! Vos perfections ne manqueront point d'admirateurs, ni mon bonheur d'envieux.

MINNA.

Non, Tellheim, ce n'est pas ce que je veux dire! Je vous renvoie dans le grand monde, sur le chemin de la gloire, sans vouloir vous y suivre.... Là Tellheim aura besoin d'une épouse sans tache! Une vagabonde saxonne qui s'est jetée à sa tête...

DE TELLHEIM, *se redressant avec des regards furieux.*

Qui ose parler ainsi? Ah! Minna, j'ai peur de moi-même, quand je me figure que ces mots pourraient être prononcés par un autre que vous. Ma rage contre lui serait sans bornes!

MINNA.

Précisément, voilà ce que je redoute. Vous ne tolèreriez pas la moindre moquerie à mon sujet, et ce seraient les plus amères qu'il vous faudrait entendre tous les jours.... Bref, écoutez bien, Tellheim, ma résolution est prise, et rien au monde ne m'y fera renoncer.

DE TELLHEIM.

Avant d'achever, mademoiselle... je vous en conjure, Minna!... Réfléchissez encore un instant, dites-vous que vous prononcez pour moi une sentence de vie ou de mort!

MINNA.

Sans autre réflexion!... S'il est sûr que je vous ai rendu la bague par laquelle vous m'avez jadis engagé votre foi, s'il est sûr que vous m'avez repris cette même bague, il est tout aussi sûr que jamais l'infortunée Barnhelm ne deviendra la femme de Tellheim plus heureux qu'elle!

DE TELLHEIM.

Ces paroles sont-elles ma condamnation, mademoiselle?

MINNA.

L'égalité seule est le lien solide de l'amour.... L'heureuse Barnhelm ne demandait qu'à vivre pour l'heureux Tellheim. Minna malheureuse aurait pu à la fin se laisser entraîner soit à augmenter, soit à adoucir le malheur de son ami. — Avant l'arrivée de cette lettre, qui supprime de nouveau toute égalité entre nous, vous avez bien remarqué que je ne refusais plus que pour la forme.

DE TELLHEIM.

Est-ce vrai, mademoiselle?... Je vous remercie, Minna, de ne m'avoir pas encore irrévocablement condamné.... Vous ne voulez que le malheureux Tellheim? Il y a moyen de l'avoir. (*Froidement.*) Je sens en ce moment qu'il n'est pas convenable pour moi d'accepter cette tardive réparation; qu'il vaudra mieux que je ne redemande point ce qu'on a sali par un soupçon outrageant.... Oui, je ferai comme si je n'avais pas reçu la lettre. Voici tout ce que je ferai pour y répondre! (*Il va déchirer la lettre.*)

MINNA *retient sa main.*

Que voulez-vous, Tellheim?

DE TELLHEIM.

Vous posséder.

MINNA.

Arrêtez!

DE TELLHEIM.

Mademoiselle, cette lettre sera certainement

déchirée, si vous ne vous hâtez point de changer votre décision.... Alors nous verrons les objections que vous aurez encore à me faire.

MINNA.

Comment? sur ce ton?... Ainsi je dois, il me faut devenir méprisable à mes propres yeux? Jamais! C'est une créature indigne, celle qui ne rougit pas de devoir tout son bonheur à l'aveugle tendresse d'un homme!

DE TELLHEIM.

C'est faux, c'est faux!

MINNA.

Oseriez-vous critiquer vos propres paroles dans ma bouche?

DE TELLHEIM.

Sophiste! Tout ce qui ne sied pas au sexe fort déshonore-t-il le sexe faible? L'homme peut-il se permettre tout ce qui sied à la femme? Qui a été appelé par la nature à protéger l'autre?

MINNA.

Tranquillisez-vous, Tellheim!... Je ne serai pas complètement sans protection, quoique je me voie forcée à refuser l'honneur de la vôtre. J'en trouverai autant qu'il m'en faudra, le cas échéant. Je me suis fait annoncer auprès de notre ambassadeur. Il veut me parler aujourd'hui même. J'espère qu'il me prêtera son appui. Le temps s'écoule. Permettez, monsieur le major!

DE TELLHEIM.

Je vais vous accompagner, mademoiselle.

MINNA.

Pardon, monsieur le major, laissez-moi.

DE TELLHEIM.

Je ne vous quitterai pas plus que votre ombre! Venez, mademoiselle, où vous voudrez, chez qui vous voudrez. Partout, aux gens connus et inconnus, je raconterai, je raconterai mille fois par jour en votre présence quels liens vous attachent à moi, par quelle cruelle obstination vous prétendez les rompre.

## SCÈNE X

JUST, LES PRÉCÉDENTS.

JUST, *avec violence.*

Monsieur le major, monsieur le major!

DE TELLHEIM.

Eh bien?

JUST.

Venez vite, vite!

DE TELLHEIM.

Que me veux-tu? Arrive ici! Parle, qu'est-ce qu'il y a?

JUST.

Écoutez... (*Il lui parle bas à l'oreille.*)

MINNA, *à part, à Françoise.*

Comprends-tu, Françoise?

FRANÇOISE.

O vous êtes impitoyable! J'étais comme sur des charbons ardents!

DE TELLHEIM, *à Just.*

Que dis-tu?... Ce n'est pas possible!... Elle?... (*Il lance à Minna des regards furieux.*) Dis-le-lui tout haut; dis-le-lui en face!... Écoutez donc, mademoiselle!

JUST.

L'hôtelier dit que mademoiselle de Barnhelm a pris la bague que j'ai mise en gage chez lui; qu'elle a reconnu cette bague pour sienne et qu'elle ne veut plus la rendre.

DE TELLHEIM.

Est-ce vrai, mademoiselle?... Non, cela ne peut pas être vrai.

MINNA *sourit.*

Et pourquoi pas, Tellheim?... Pourquoi cela ne peut-il pas être vrai?

DE TELLHEIM, *avec violence.*

Eh bien, que ce soit vrai!... Quelle effrayante lumière s'ouvre soudain à mes yeux!... Maintenant je la reconnais la fausseté de l'infidèle.

MINNA, *effrayée.*

Qui? qui est cette infidèle?

DE TELLHEIM.

Vous, que je ne veux plus nommer!

MINNA.

Tellheim!

DE TELLHEIM.

Oubliez mon nom!... Vous êtes venue ici pour rompre avec moi. C'est clair!... Comme le hasard aime à favoriser le parjure! Il a mis ma bague entre vos mains. Votre malignité a su me rendre la mienne par surprise.

MINNA.

Tellheim, quels fantômes voyez-vous? Calmez-vous et écoutez-moi.

FRANÇOISE, *à part.*

Elle l'a voulu, c'est bien fait!

## SCÈNE XI

WERNER, *avec une sacoche pleine d'or*,
DE TELLHEIM, MINNA, FRANÇOISE, JUST.

WERNER.

Me voici, enfin! monsieur le major.

DE TELLHEIM, *sans le regarder*.

Qui est-ce qui te demande?

WERNER.

Voici de l'argent, mille pistoles!

DE TELLHEIM.

Je ne les veux pas!

WERNER.

Demain vous pourrez disposer d'une autre somme tout aussi forte.

DE TELLHEIM.

Garde ton argent!

WERNER.

Mais c'est votre argent, monsieur le major.... Je crois que vous ne voyez pas à qui vous parlez?

DE TELLHEIM.

Emporte çà, te dis-je.

WERNER.

Qu'est-ce qui vous manque?... C'est moi, Werner.

DE TELLHEIM.

La bonté n'est qu'un masque, l'obligeance une duperie.

WERNER.

Ces mots s'adressent-ils à moi?

DE TELLHEIM.

Comme tu voudras.

WERNER.

Je n'ai fait qu'exécuter vos ordres.

DE TELLHEIM.

Exécute encore celui-ci : prends la porte !

WERNER.

Monsieur le major ! (*avec dépit*) je suis un homme...

DE TELLHEIM.

Tu es là quelque chose de propre !

WERNER.

Qui a du fiel.

DE TELLHEIM.

Bon ! le fiel, c'est ce que nous avons de mieux.

WERNER.

Je vous en prie, monsieur le major...

DE TELLHEIM.

Combien de fois faut-il que je te le dise ! Je n'ai pas besoin de ton argent !

WERNER, *en colère.*

Alors le prenne qui voudra ! (*Il jette la sacoche aux pieds de Tellheim, et se retire à l'écart.*)

MINNA, *à Françoise.*

Ah ! chère Françoise, j'aurais dû t'obéir. J'ai poussé la plaisanterie trop loin. Cependant il n'aurait qu'à m'écouter... (*Elle va vers Tellheim.*)

FRANÇOISE, *sans répondre à Minna, s'approche de Werner.*

Monsieur le vaguemestre !...

WERNER, *grondeur.*

Allez-vous-en!

FRANÇOISE.

Hou! quels hommes!

MINNA.

Tellheim!... Tellheim! (*Celui-ci se ronge les ongles de colère, détourne son visage et n'écoute rien.*) Non, c'est trop fort!... Écoutez-moi donc... Vous vous abusez!... Un simple malentendu, Tellheim!... Vous ne voulez pas écouter votre Minna? Pouvez-vous concevoir un tel soupçon?... Moi, vouloir rompre avec vous?... Moi, être venue ici dans cette intention?... Tellheim!

## SCÈNE XII

DEUX DOMESTIQUES, *l'un après l'autre, entrent chacun par une autre porte et traversent la salle en courant,* LES PRÉCÉDENTS.

PREMIER DOMESTIQUE.

Mademoiselle, Son Excellence le comte!

SECOND DOMESTIQUE.

Il arrive, mademoiselle!

FRANÇOISE, *qui s'est précipitée à la fenêtre.*

C'est lui, c'est lui!

MINNA.

Est-ce lui?... O maintenant, vite, Tellheim.

DE TELLHEIM, *revenant à lui soudain.*

Qui? qui arrive? Votre oncle, mademoiselle? cet

oncle impitoyable?... Qu'il vienne, qu'il vienne!... Ne craignez rien! Il ne vous offensera pas même d'un regard! Il aura affaire à moi... Sans doute vous ne méritez pas que je...

MINNA.

Vite embrassez-moi, Tellheim, et oubliez tout.

DE TELLHEIM.

Ah, si je savais que vous puissiez vous en repentir.

MINNA.

Non, je ne puis me repentir d'avoir vu jusqu'au fond de votre âme entière!... Ah quel homme vous êtes!... Embrassez votre Minna, votre heureuse Minna, heureuse par vous surtout! (*Elle tombe dans ses bras.*) Et maintenant, allons au-devant de lui!

DE TELLHEIM.

Au-devant de qui?

MINNA.

Du meilleur de vos amis inconnus.

DE TELLHEIM.

Comment?

MINNA.

Du comte, mon oncle, mon père, votre père. Ma fuite, sa colère, mon déshéritement [1], n'entendez-vous donc pas que tout cela est invention? Crédule chevalier!

DE TELLHEIM.

Invention! Mais la bague? la bague?

1. Ce terme se trouve dans le dictionnaire de Littré.

MINNA.

Où avez-vous celle que je vous ai rendue?

DE TELLHEIM.

Vous la reprenez? O alors, je suis heureux! Voici, Minna (*il la tire de sa poche*).

MINNA.

Examinez-la d'abord! Aveugles, qui ne veulent pas voir?... Quelle bague est-ce donc? Celle que je tiens de vous ou celle que vous tenez de moi?... N'est-ce pas précisément celle que je n'ai pas voulu laisser entre les mains de l'hôtelier?

DE TELLHEIM.

Dieu! que vois-je? qu'entends-je?

MINNA.

Dois-je la reprendre? dois-je?... Donnez-la! donnez-la! (*Elle la lui arrache et la lui met au doigt elle-même.*) Eh bien, tout est-il en règle?

DE TELLHEIM.

Où suis-je?... (*Baisant la main de Minna.*) Ange malicieux!... me tourmenter de la sorte!

MINNA.

C'est pour vous, mon cher époux, une preuve que jamais vous ne me jouerez un tour, sans que je ne vous rende tout aussitôt la pareille!... Croyez-vous que vous ne m'avez pas tourmentée, vous aussi?

DE TELLHEIM.

O comédiennes, j'aurais pourtant dû vous connaître!

FRANÇOISE.

Non, en vérité; je ne vaux rien pour ce métier.

J'ai frémi, tremblé, et j'ai été obligée de me mettre la main sur la bouche.

MINNA.

Mon rôle n'a pas été facile non plus. Mais venez donc!

DE TELLHEIM.

Je ne puis pas encore me remettre... Je suis aise et j'ai le cœur serré! C'est ainsi qu'on s'éveille soudain d'un cauchemar!

MINNA.

Nous lambinons.... Je l'entends qui vient.

## SCÈNE XIII

LE COMTE DE BRUCHSALL, *accompagné par divers domestiques et l'hôtelier,*
LES PRÉCÉDENTS.

LE COMTE, *en entrant.*

Elle est arrivée sans encombre?

MINNA *court à sa rencontre.*

Ah, mon père!

LE COMTE.

Me voici, ma chère Minna! (*Il l'embrasse.*) Mais quoi, ma fille! (*Apercevant Tellheim.*) A peine ici depuis vingt-quatre heures, et déjà des connaissances, déjà de la société?

MINNA.

Devinez qui c'est?

LE COMTE.

Serait-ce ton cher Tellheim?

MINNA.

Qui, sinon lui ?... Venez, Tellheim ! (*Elle l'amène au comte.*)

LE COMTE.

Monsieur, nous ne nous sommes jamais vus ; mais au premier abord j'ai cru vous reconnaître. Je souhaitais que ce fût vous... embrassez-moi. Vous avez toute ma considération. Je vous demande votre amitié... Ma nièce, ma fille vous aime.

MINNA.

Vous le savez, mon père ! mon amour est-il aveugle ?

LE COMTE.

Non, Minna, ton amour n'est pas aveugle ; mais ton amoureux est muet.

DE TELLHEIM, *se jetant dans ses bras.*

Laissez-moi reprendre mes sens, mon père !

LE COMTE.

Bien, mon fils ! Je l'entends ; quand ta bouche est incapable de parler, ton cœur parle. D'ordinaire, je ne vois pas précisément d'un bon œil les officiers de cette couleur. (*Il montre l'uniforme de Tellheim.*) Mais vous êtes un honnête homme, Tellheim, et qu'un honnête homme soit fourré dans n'importe quel habit, il faut qu'on l'aime.

MINNA.

Oh, si vous saviez tout !...

LE COMTE.

Qu'est-ce qui s'oppose à ce que je l'apprenne ? Où est mon appartement, monsieur l'hôtelier ?

L'HÔTELIER.

Que Votre Excellence ait la bonté d'entrer par ici.

LE COMTE.

Viens, Minna! Venez, monsieur le major! (*Il sort avec l'aubergiste et les domestiques.*)

MINNA.

Venez, Tellheim!

DE TELLHEIM.

Je vous suis à l'instant, mademoiselle. Plus qu'un mot à cet homme! (*Il s'adresse à Werner.*)

MINNA.

Oui, dites-lui une bonne parole; il me semble que vous lui devez bien ça... N'est-ce pas, Françoise? (*Elle suit le comte.*)

## SCÈNE XIV

DE TELLHEIM, WERNER, FRANÇOISE.

DE TELLHEIM, *montrant la sacoche que Werner a jetée à terre.*

Just, ramasse cette sacoche, et emporte-la chez nous. Va! — (*Just l'emporte.*)

WERNER, *qui boude toujours dans son coin et n'a paru prendre part à rien, dit en entendant cet ordre :*

Oui, maintenant!

DE TELLHEIM *va à lui et lui dit avec cordialité :*

Werner, quand puis-je avoir les autres mille pistoles?

WERNER *devient brusquement de bonne humeur.*
Demain, monsieur le major, demain.

DE TELLHEIM.

Je n'ai pas besoin d'être ton débiteur, mais je serai ton trésorier. Vous autres qui avez le cœur sur la main, on devrait vous donner à tous un tuteur. Vous êtes comme qui dirait des paniers percés... Je t'ai mis en colère, il y a un instant, Werner!

WERNER.

Par ma pauvre âme, oui! Mais je n'aurais pas dû faire cette maladresse. Je le vois bien maintenant. Je méritais cent coups de trique. Faites-les-moi donner, mais plus de rancune, cher major!

DE TELLHEIM.

De la rancune. (*Lui serrant la main.*) Lis dans mes yeux tout ce que je ne puis te dire... Ah, qui est-ce qui a une meilleure femme et un plus loyal ami que moi? je voudrais le voir. N'est-ce pas, Françoise? (*Il sort.*)

## SCÈNE XV

### FRANÇOISE, WERNER.

FRANÇOISE, *à part.*

Oui certainement, c'est un bien brave homme! Je n'en rencontrerai plus un pareil. . Il faut que je parle! (*Timide et rougissante, elle s'approche de Werner.*) Monsieur le vaguemestre...

WERNER, *qui s'essuie les yeux.*

Quoi?

FRANÇOISE.

Monsieur le vaguemestre.

WERNER.

Que voulez-vous donc, mignonne?

FRANÇOISE.

Regardez-moi donc, monsieur le vaguemestre.

WERNER.

Impossible, pour le moment; je ne sais pas ce qui m'est venu dans les yeux.

FRANÇOISE.

Mais regardez-moi donc!

WERNER.

J'ai peur de ne vous avoir que trop regardée déjà, ma mignonne!... Eh bien, je vous vois! Qu'y a-t-il donc?

FRANÇOISE.

Monsieur le vaguemestre..., n'avez-vous pas besoin d'une compagne?

WERNER.

Est-ce sérieux, mignonne?

FRANÇOISE.

Très sérieux!

WERNER.

Iriez-vous aussi en Perse?

FRANÇOISE.

Où vous voudrez!

WERNER.

Sûr?... Holà! monsieur le major, ne vous

vantez pas tant! A cette heure j'ai tout au moins une aussi bonne femme et un aussi loyal ami que vous!... Donnez-moi votre main, mignonne! Tope!... D'ici dix ans vous serez générale ou bien veuve!



FIN

Coulommiers. — Typog. P. BRODARD et GALLOIS.

# TRADUCTIONS FRANÇAISES

## D'AUTEURS CLASSIQUES ALLEMANDS

**Benedix.** *Le procès.* Traduction française de Mme Boullenot, avec le texte. 1 vol. in-16, broché........ 75 c.

**Chamisso.** *Pierre Schlemihl,* traduction sans le texte. 1 vol. petit in-16, broché.............................. 1 fr.

**Gœthe.** *Campagne de France.* Traduction de M. Porchat, sans le texte. 1 vol. petit in-16, broché............ 2 fr.

— *Faust,* 1re partie. Traduction de M. Porchat, revue par M. Buchner, sans le texte. 1 vol. petit in-16, br..... 2 fr.

— *Hermann et Dorothée.* Traduction de M. B. Lévy, avec le texte. 1 vol. in-16, broché.................... 1 fr. 50

— *Iphigénie en Tauride.* Traduction de M. B. Lévy, avec le texte. 1 vol. in-16, broché...................... 2 fr.

— *Le Tasse.* Traduction de M. Jacques Porchat, avec le texte. 1 vol. in-16, broché ...................... 2 fr.

**Hauff.** *Lichtenstein.* Traduction de M. de Suckau. 1 volume in-16 ........................................... 1 fr. 25

**Krummacher.** *Paraboles.* Traduction française de l'abbé Bautain, sans le texte. 1 vol. in-16, broché..... 1 fr. 75

**Lessing.** *Dramaturgie de Hambourg.* Traduction de M. Desfeuilles, avec le texte. 1 vol. in-16, broché....... » »

— *Lettres sur la littérature moderne et lettres archéologiques.* Traduction de M. Cottler, sans le texte. 1 vol. petit in-16.......................................... 2 fr. 50

— *Laocoon.* Traduction de M. Courtin, sans le texte. 1 vol. petit in-16, broché.............................. 2 fr.

**Niebuhr.** *Histoires tirées des temps héroïques de la Grèce.* Traduction de Mme Koch, avec le texte. 1 vol. in-16, broché.................................................. 1 fr. 75

**Schiller.** *Histoire de la guerre de Trente ans.* Traduction de M. Ad. Regnier, sans le texte. 1 vol. in-16, br. 3 fr. 50

— *Histoire de la Révolte des Pays-Bas.* Traduction de M. Ad. Regnier, sans le texte. 1 vol. petit in-16, broché.... 3 fr.

— *Guillaume Tell.* Traduction de M. Fix, avec le texte. 1 vol. in-16, broché.................................... 2 fr. 50

— *La fiancée de Messine.* Traduction de M. Ad. Regnier, avec le texte. 1 vol. in-16, broché................. 2 fr.

— *Marie Stuart.* Traduction de M. Fix, avec le texte. 1 vol. in-16, broché.................................... 4 fr.

— *Wallenstein.* Traduction française d'Ad. Regnier, sans le texte. 1 vol. petit in-16, broché................. 3 fr.

**Schiller** et **Gœthe.** *Extraits de leur correspondance.* Traduction de M. B. Lévy, sans le texte. 1 vol. petit in-16, broché............................................... 3 fr. 50

Coulommiers. — Typ. P. BRODARD et GALLOIS.

www.ingramcontent.com/pod-product-compliance
Ingram Content Group UK Ltd.
Pitfield, Milton Keynes, MK11 3LW, UK
UKHW020332230726
13925UKWH00002B/756

9 782013 498937